本书获 2010 年教育部人文社会科学研究一般项目（青年项目）基金资助

项目名称：土地流转制度下的农民养老保障问题研究：财产权、养老保障权关系视角（编号：10YJC820094）

农村土地财产权与农民养老权

谭丽 著

Property Rights of Rural Land and Old-age Rights of Peasants

暨南大学出版社
JINAN UNIVERSITY PRESS

中国·广州

图书在版编目（CIP）数据

农村土地财产权与农民养老权/谭丽著. —广州：暨南大学出版
社，2015.4
ISBN 978 - 7 - 5668 - 1425 - 8

Ⅰ.①农…　Ⅱ.①谭…　Ⅲ.①土地使用权—财产权—研究—中国
②农民—养老保险制度—研究—中国　Ⅳ.①D922.334②F842.67

中国版本图书馆 CIP 数据核字（2015）第 136537 号

· ·

农村土地财产权与农民养老权

著　　者　谭　丽

出 版 人　徐义雄
策划编辑　杜小陆
责任编辑　曾　栩
责任校对　杨柳婷
出版发行　暨南大学出版社（广州暨南大学　邮编：510630）
网　　址　http：//www.jnupress.com　http：//press.jnu.edu.cn
电　　话　总编室（8620）85221601
　　　　　营销部（8620）85225284　85228291　85228292（邮购）
排　　版　广州良弓广告有限公司
印　　刷　佛山市浩文彩色印刷有限公司
开　　本　787mm×960mm　1/16
印　　张　12.25
字　　数　188 千
版　　次　2015 年 4 月第 1 版
印　　次　2015 年 4 月第 1 次
定　　价　36.80 元

（暨大版图书如有印装质量问题，请与出版社总编室联系调换）

目　录

1 导 论

1.1 研究背景及意义

1.1.1 研究背景

经济体制改革从农村开始，农村经济体制改革以家庭联产承包责任制为主要内容。改革的转变在于，人民公社制度安排下的高度集中的农业经营管理体制逐步让位于以家庭承包经营为基础、统分结合的双层经营体制。在权利机理上，土地作为一种财产和法律关系的客体——物，被析分出相应的所有权和使用权两个部分。在我国，农地所有权是公有的，但属使用权范畴的土地承包经营权则是私人（或家庭）所有的。两权分离极大地调动了农民的劳动积极性，土地产出连年增长，土地价值倍增。这种农村微观经济基础的重构对我国农村社会经济的发展起到了巨大的促进作用，原因在于它能够更大地激发农民主体的独立性，也更吻合市场要求的财产权清晰化、参与主体自由支配权能。土地承担的农民养老功能也通过农民务农收益获取生活必需品和家庭养老物资的方式来保障农民养老权的实现。养老权作为老年人生存权而存在的一项基本人权，它需要国家积极履行义务，也需要通过财产权的实现而提供自我保障的可能，而土地与养老保障的关系更侧重于后者。

然而在家庭承包经营为基础、统分结合的双层经营体制运行了一段时间以后，农业生产经营中的一些缺陷开始暴露，特别是农业经营规模偏小、农业现代化水平较低、土地利用率和经济效益较低。因为双层经营体制从"统"的方面来看，集体经济大多成为"空壳"主体；从"分"的方面看，农民个人的财产权地位不明晰、市场地位脆弱，千家万户的小生产难以适应千变万化的大市场。我国农村土地一直保持着分散化、细碎化的生产经营模式，已经在一定程度上影响了农业的产业化发展和农村的现代化进程。农地产出较小，农业收益有限，农民养老所需要的基本产品与服务的成本却因为城市经济体制改革的深入而提高，农民养老问题日益严重。土地经济效益低下、农村剩余劳动人口增加，农民外出务工以减少"人多地少"的矛盾。由于城市务工年龄门槛普遍设在 50 岁以下，这使得土地耕种主体变成了老人。土地养老功能进一步增强，但同时也存在着危机，即劳动能力渐弱的农村老人如何在土地上获得养老收益。如果把土地作为财产，农民不能从土地财产中获得必要的财产性收益，养老问题则堪忧。一方面，农民要获得土地的财产性收益，就必然让土地财产权利通过交换获得收益；而另一方面，农村经济的进一步市场化受到了制度瓶颈的制约。究其原因，市场经济和规模农业的发展要求权利主体进一步明确，并使土地经营权成为新的、可以流动的市场要素。承包经营权的进一步拆解显现出强大的时代契合。厘清家庭承包权与个人经营权的关系，成为解决问题的关键。唯此才能让经营权的物权①属性更加明晰，让土地经营主体可以在经营权流转的前提下发生转换②，进而使土地要素能够实现自由流动，形成市场要素的基本要件。

2005 年我国 65 岁以上的老龄人口突破 1 个亿，全国 65% 的老龄人口在农村。2006 年 12 月 12 日国务院新闻办公室发表的《中国老龄事业的发展》白皮书指出，我国农村老龄化程度要比城镇高出 1.24 个百分点。2010 年全国 60 岁及以上人口已经达到 17 764.9 万人，占总人口的比例上升到 13.26%。③ 在社会养老保障不足以提供有保障的老年生活的背景之下，在家庭养老发生一系列变革并经历医疗、消费等成本升高的社会变迁之后，农民养老对土地的依赖依然重要。但土地的规模化经营是农业现代化、农村城镇化发展的必然趋势，农民对土地的固守一方面不能带来较好的收益以弥补养老

---

① 物权指权利人依法对特定的物享有直接支配和排他的权利，包括所有权、用益物权和担保物权。财产权和排他性是物权的重要特征。作为财产权的物权是一种具有物质内容的、直接体现为财产权益的权利。物权的排他性强调其权利人可以对抗一切特定的人。

② 钟涨宝、聂建亮认为转让是承包权人与经营权的同时流转，是对土地承包权的放弃，转包和出租是经营权的流转，而非承包权的流转。调查显示，农民更加认同转包、出租、互换等保持土地承包关系的土地流转方式，而比较排斥转让等放弃承包权的土地流转方式。钟涨宝，聂建亮. 论农地适度经营规模的实现 [J]. 农村经济，2010 (5)：36.

③ 中华人民共和国国家统计局. 2010 年第六次全国人口普查主要数据公报，2011.

资源的不足，另一方面也会影响城镇化、工业化的进程。因此土地与养老、农村土地财产权与农民养老权之间自然产生了勾连。

2002 年通过的《中华人民共和国农村土地承包法》就规定：通过家庭承包取得的土地承包经营权可以依法采取转包、出租、互换、转让或其他方式流转。通过招标、拍卖、公开协商等方式承包农村土地，经依法登记取得土地承包经营权证或者林权证等证书的，其土地承包经营权可以依法采取转让、出租、入股、抵押或其他方式流转。农业部 2003 年出台的《农村土地承包法实施条例》和 2005 年出台的《农村土地承包经营权流转管理办法》都有类似的规定。然而，实践中的土地流转并不普遍。原因在于农村改革 30 多年，通过两轮土地承包，承包期限成为土地流转中的障碍。我国的农村土地承包期，从 15 年逐步延长到 30 年，再到中共十七届三中全会的"长久不变"①，基本确立了物权的所有权无期限属性。强调稳定土地承包关系，赋予农民长期且有保障的土地使用权。所有权与使用权的一个重要区别即有无期限限制，土地承包经营权是有期物权，只能在期限内存在。所以土地使用权期限的长期性得到确认，就可以使农民形成稳定的政策预期，树立长期经营的观念。"增人不增地，减人不减地"的土地使用长期化是形成土地要素市场化的前提。承包期长久不变，承包权固定，经营权才能更大胆地流动；承包权的人身属性得到强化，经营权的财产属性则更易产生。总之，稳定的土地承包关系是土地流转的前提和基础。中共十七届三中全会《中共中央关于推进农村改革发展若干重大问题的决定》还进一步提出："完善土地承包经营权权能，依法保障农民对承包土地的占有、使用、收益等权利，加强土地承包经营权流转管理和服务，建立健全土地承包经营权流转市场，按照依法自愿有偿的原则，允许农民以转包、出租、互换、转让、股份合作等形式流转土地承包经营权，发展多种形式的适度规模经营。"党中央在 2009 年中央一号文件中也进一步强调了建立健全土地承包经营权流转，为土地流转制度扫清政策障碍。但另一方面，土地承包经营权的长期性，更确切地说是长久性，又引发了土地承担保障功能的均分公平性。由于仍然没

---

　① 孔祥智. 长久不变和土地流转 [J]. 吉林大学社会科学学报，2010（1）：8.

有界分土地承包权与经营权，土地财产权流转的实现缺少明晰的物权主体。没有明确的物权归属，就不能充分发挥物的效用，也不能更好地通过流转解决土地养老的收益问题。

2007年通过的《物权法》将土地承包经营权规定为用益物权，即农村集体组织成员及其他民事主体在集体所有或国家所有由农民集体使用的土地上，依照农村土地承包合同的约定，进行生产经营活动的权利。《物权法》把农村土地承包经营权定位为用益物权，因为它符合用益物权的本质和特性。同时土地经营权流转也需要承包权合法作为前提，因此，此处将土地承包经营权或土地承包权与土地经营权规定为用益物权是合理的。农村土地承包人可以基于物权行使物权请求权，基于承包合同行使违约责任请求权，基于法律规定行使侵权行为请求权或不当得利请求权，权利保护的渠道明显拓宽，也更加明晰了。对承包人来说，保护机制在法律上得到了优化，为流转制度设定了基本的法律框架。

除了赋予农民更加充分而有保障的土地承包权与土地经营权以外，还必须清楚界定并且保护农民私人的土地收益权和转让权。土地流转是土地制度与市场经济制度内在统一的体现。只有土地流转才会让土地产出更多的收益，而享有土地经营权的农民也才能在市场环境下获得更多的财产性收益，农民的养老权也才能够获得切实的保障。从某种意义上讲，土地经营权流转是财产权的应有之义，是土地财产自由权之基础与体现，是实现养老权这一生存权之保障。但是土地流转背景下农民养老权的实现，必然涉及土地财产权的实现问题和养老权与土地财产权的联通途径的畅通问题。

1.1.2 研究意义

（1）理论意义

我国土地流转制度是继土地承包经营权放开后又一针对农地的重要的具有里程碑意义的制度，其对农村经济、农业发展产生了突破性的影响。土地使用权流转制度一方面为农业的现代化经营、规模化经营创造了有利条件，另一方面也是为最终实现农民利益着想的根本制度。而农民养老权益保障又是农民权益保障的重要方面。今天我国农民与城市居民的身份区别不仅在于职业分工有别，更在于以养老保障为典型代表的社会福利待遇的差别，而这部分福利优劣所体现的社会公平正义也恰恰是今天我们在探讨制度文明、寻求社会公平、谋求社会和谐的过程中不可回避的问题。此外，农民以土地为业、靠土地养老是以土地财产权的默认为前提的，那么土地养老与社会养老、家庭养老的关系，土地财产权的落实与农民支配、处分财产的自由权，势必会对农民养老产生影响。究竟如何保障和落实农民的养老保障，为土地流转的规范运行创造条件？土地流转后以土地换保障的做法有哪些问题，其依据如何？如何设计出适合家庭养老关系发生变化后的农民养老保障制度，并促进相关制度的有效运行？本研究以社会学与法学相结合的方法，通过明晰农地财产权与农民养老权的关系，将土地流转后的农民养老保障需求与实现其需求的制度环境进行整合分析，并以此为依据，设计具有操作性的养老保障制度，以期弥补现有研究中对养老权实证研究的不足。

（2）实际应用价值

党的十七届三中全会通过的《中共中央关于推进农村改革发展若干重大问题的决定》，提出了建立规范的农村土地管理制度，其中土地流转是很重要的内容。从全国范围看，农村土地承包经营权流转已有一定的规模。据农业部统计，2008 年，全国通过各种方式流转的土地面积已达 1.06 亿亩，占全部家庭承包经营面积的 8.7%。[①]"到2010 年底通过各种方式流转的土地面积占总面积的比重可能会达到13%。"[②] 同时农村养老保障问题近年来受到党和政府的高度重视，继中共十六大提出"在有条件的地方探索建立农村社会养老保险制度"，党的十七大再次明确指出要探索建立农村养老保险制度，2010 年全国 10% 的县已开始探索新农保制度，2012 年 7 月基本实现全覆盖。农村养老保险仅仅是农民养老保障的一个方面，是通过个人缴费、集体补助、政府补贴相结合的方法实现的一种农民的社会养老方式，它必须与家庭养老、土地保障等方式结合起来才能解决农民的实际养老问题。"保基本、广覆盖"的新农保不能满足农民的养老需求，而且保险的缴费原则也让很多靠土地为生的农民面临缴

[①] 转引自陈晓华. 切实加强农村土地承包经营权流转管理和服务 [J]. 农村经营管理，2009（1）：6.

[②] 孔祥智. "长久不变"和土地流转 [J]. 吉林大学社会科学学报，2010（1）：9.

费难的问题。家庭养老功能在社会观念、生育政策、外出务工等社会现实的影响下也出现了与以往的传统家庭养老不同的变化。可见，农村养老保障制度事关国计民生，是协调城乡关系和构建社会主义和谐社会的重要基础。土地作为复杂而系统的重要问题，不仅关乎"三农"问题，更关乎公民财产权的突破性进展。通过财产权关系的明晰与流转并切实实现财产权益来解决养老保障的问题是目前农村发展、农业发展、农民生活水平提高的重要契机。以土地财产权与农民养老权的关系为视角进行探讨，既能最大限度地满足农民养老保障需求，又与制度整合、城乡统筹相结合的农民养老保障制度相协调，有助于促进社会主义新农村建设与社会和谐，以期为土地流转制度的规模运营、农民切身财产权益的法律保障、新农保制度执行和政策完善建言。

1.2 概念界定和文献综述

1.2.1 概念界定

（1）农地流转

广义上"农地流转"包括所有权流转和使用权流转。[①] 我国《宪法》明确规定，农地的所有权只能归国家或集体所有。2004 年宪法修正案规定："土地使用权可以依照法律的规定转让。" 因此，我国的农地流转应该仅是农地使用权的转让和流通。并且这种转让要受到一定的限制，《中华人民共和国土地管理法》（以下简称《土地管理法》）规定："农民集体所有的土地的使用权不得出让、转让或者出租用于非农业建设。"也就是说，除了法定的特殊条件，流转农地只能用于农业生产。2004 年，国务院颁布《国务院关于深化改革严格土地管理的决定》，其中有关于"农民集体所有建设用地使用权可以依法流转"的规定，强调"在符合规划的前提下，村庄、集镇、建制镇中的农民集体所有建设用地使用权可以依法流转"。至此，农村土地流转出现了农村集体建设用地流转和农村承包地流转

---

① 杨学成，曾启. 试论农村土地流转的市场化 [J]. 中国社会科学，1994（4）：16～22.

两种情形，但是在现有的法律规范和政策规定中，"农地流转"其实是一种省略的说法，全称应为"农村土地承包经营权流转"。因为现在农村宅基地流转受限，所以农地流转是指农户承包的用于农业生产的土地的流转。也就是说，在土地承包权不变的基础上，农户以一定的条件，将自己承包的村集体的部分或全部土地流转给第三方经营。所以本研究所涉及的农地流转仅指农村土地承包经营权的流转，这也是当前我国农村土地政策法律研究的重点问题。

张红宇认为，土地使用权流转就是农地承包经营权在原来承包土地的农户和其他农户或经济组织之间进行流转。① 因为承包经营土地的农户享有土地的使用权，同时，在不改变土地用途的前提下也享有处置土地的权利。实践中用"农地使用权流转"或者"土地流转"这个概念来简化表述农户处置自己的承包经营权，② 实则是从流出土地一方的角度为土地经营使用权的自由提供正当理由。使用权可以自己使用，也可以自主给予他人使用并获取收益。在不改变农村耕地的集体所有性质和农业用途的前提下，农地流转就是通过经营人的变换试图实现土地效益最大化的路径。从土地权能的实质功能来说，农村土地流转将土地权能进行了更为详细地拆解，这可以归为三方主体分别享有的"三权分离"：所有权还是属于集体不变，承包权还是归承包农户（转让除外），即农地流出方也不变，但经营权归流转受让方即农地流入方。流转后的土地，仍然只能用于发展农业，土地的农业用途不变，但农民依法享有土地流转引发的受益权。

农地流转的形式、具体程序和原则有较为严格的法律、法规、规章的限制。1994 年 12 月《关于稳定和完善土地承包关系的意见》中规定，土地承包经营权转让的方式包括集体经济组织内部之间的承包转包、转让、互换、入股、抵押等。2004 年 8 月 28 日第十届全国人民代表大会常务委员会第十一次会议《关于修改〈中华人民共

---

① 张红宇. 中国农村土地制度变迁的政治经济学分析［D］. 西南大学博士学位论文，2001.

张红宇. 中国农地调整与使用权流转几点评论［J］. 管理世界，2002（5）：76～87.

② 傅晨，刘梦琴. 广东农民专业合作经济组织发展的缘由、现状与政策建议——写在《中华人民共和国农民专业合作社法》实施之即［J］. 广东合作经济，2007（2）：32.

和国土地管理法〉的决定》第二次修正的《土地管理法》对流转范围的限制有所放宽，但在第十五条规定："农民集体所有的土地由本集体经济组织以外的单位或者个人承包经营的，必须经村民会议三分之二以上成员或者三分之二以上村民代表的同意，并报乡（镇）人民政府批准。"2002 年 8 月 29 日第九届全国人民代表大会常务委员会第二十九次会议通过的《中华人民共和国农村土地承包法》（以下简称《农村土地承包法》）第三十二条规定通过家庭承包取得的土地承包经营权可以依法采取转包、出租、互换、转让或者其他方式流转。第三十四条规定土地承包经营权流转的主体是承包方。承包方有权依法自主决定土地承包经营权是否流转和流转的方式。第三十七条规定土地承包经营权采取转包、出租、互换、转让或者其他方式流转，当事人双方应当签订书面合同。采取转让方式流转的，应当经发包方同意；采取转包、出租、互换或者其他方式流转的，应当报发包方备案。农业部于 2005 年根据《农村土地承包法》及有关规定制定出台了《农村土地承包经营权流转管理办法》（以下简称《办法》）。《办法》规定，农村土地承包经营权流转应当在坚持农户家庭承包经营制度和稳定农村土地承包关系的基础上，遵循平等协商、依法、自愿、有偿的原则。承包方有权依法自主决定承包土地是否流转、流转的对象和方式。任何单位和个人不得强迫或者阻碍承包方依法流转其承包土地。第十八条规定承包方采取转让方式流转农村土地承包经营权的，经发包方同意后，当事人可以要求及时办理农村土地承包经营权证变更、注销或重发手续。《中华人民共和国物权法》（以下简称《物权法》）第一百二十八条规定土地承包经营权人依照农村土地承包法的规定，有权将土地承包经营权采取转包、互换、转让等方式流转。该条删去了《物权法（草案）》第一百三十二条规定的土地承包经营权人有权依法自主决定土地承包经营权以转包、出租、互换、转让或其他方式流转的权利。根据立法者的说明，关于土地承包经营权抵押能否放开的问题，考虑到目前土地承包经营权仍是农民安身立命之本，《物权法》等相关法律规范都审慎地保留了土地承包经营权的权利抵押权的行使。① 故第一百二十八条规定土地承包经营权的转让须依照《农村土地承包法》第三十七条的规定："采取转让方式流转的，应当经发包方同意。"在流转形式中转让方式因涉及承包权问题，所以受到的限制较为严苛。

（2）财产权

财产权在公法与私法中的界定有所不同。在现代宪政国家中，财产权与公民的生命权、自由权一起构成了公民最基本的三大权利体系，集中体现着人的基本价值与尊严。② 私有财产所享有的财产权也不是法律授予的，它是一项人权，来自对自然权利的认同。为稀缺资源的争夺而制定的基本规则形成了今天的财产权秩序。财产权是一项基本公民权利。土地承包经营权作为财产权的一种，自然也适合上述分析。根据宪法学原理，宪法财产权不仅具有排他性，还具有可移转性。为了具体化与落实宪法财产权的移转性，应该允许具有民事财产权性质的土地经营权流转。也就是说，土地经营权流转是宪法财产权的应有之义。

（3）养老权

养老权是一个学理上的概念，在具体的法律规范和实践中仍然用老年人的权利和人权、宪法公民权等概念的一部分内容来具体指称。养老权是每一个人在年老时应当享有的获得生存、生活保障的权利，所以它是一项基本人权，受到《世界人权宣言》、《经济、社会、文化权利国际公约》的认可。在我国，它的具体内容规定在宪法、婚姻法、继承法、劳动法和老年人权益保障法中。

针对养老权的概念界定，学术界的研究并不多。马新福和刘灵芝认为对养老权，可以从广义和狭义两个角度来理解和界定。广义上的养老权是指公民在达到年龄界限和因年老劳动能力丧失的情况下，依法享有的生活保障权、医疗保障权和受赡养扶助权。狭义上的养老权，其主体仅指在我国已建立社会养老保障制度的企事业单位的职工和国家机关工作人员，这些在城镇就业的"城市人"享有

---

① 王兆国. 关于《中华人民共和国物权法（草案）》的说明 [N]. 人民日报，2007 - 03 - 09.

② 韩大元. 私有财产权入宪的宪法学思考 [J]. 法学，2004（4）：13.

的与退休权利并存的、获得国家和社会对其老年生活保障的权利。①
显然此处狭义的养老权仅仅针对法律中对城镇职工和国家机关工作
人员养老权的规范而得出,不符合现实的公民平等养老需求。但从
权利的现实性来讲,这种界定的确是有道理的。刘灵芝认为中国公
民养老权是与公民年老时的生存和健康相关的一类权利的统称,是
多种权利的组合。其对养老权的列举是多方面且理想化的,诸如公
民年老时享有的养老保险权、获得养老金权、社会福利权、社会救
助权、社会优抚权、最低生活保障权、医疗保障权、家庭赡养扶助
权以及社区服务权、继续受教育权、参与社会发展权、精神慰藉权
等。② 通过权利束的概念来界定公民养老权是可取的,因为养老权的
概念本身就是复杂的整体,但将所有涉及的内容进行列举式拼合,
不分权利层次,既包括生存权又包括发展权,既有普遍主体又有特
殊主体的统合并不助于养老权概念的系统化和特定化,使得本概念
的外延成为一个相关性列举而非特定性列举。

1.2.2 研究现状

土地使用权流转,是指拥有土地承包经营权的农户将土地经营
权(使用权)转让给其他农户或经济组织,即保留承包权,转让使
用权,其实质是农村土地使用权的市场化。改革开放以来,计划经
济体制下"家庭 + 集体"养老保障模式的不足日益凸显。在这一背
景下,我国政府于 20 世纪 80 年代中期开始探索在农村建立社会养
老保障的新模式,2009 年起开展探索建立个人缴费、集体补助、政
府补贴相结合的新型农村社会养老保险试点。综合家庭养老、土地
养老、社会救助等其他农民养老保障的相关措施,保障农村居民老
年的基本生活。然而,"新农保"的推行并不能解决农民的基本养老
问题。随着进城务工人员的增多,农村留守老人的养老问题更加凸
出。如何在现有城乡二元体制下为农民养老提供可行模式,是目前
农村养老保障研究的主要问题。而土地流转对农民养老问题的直接
挑战就是土地保障的问题,学术界亦就相关问题进行了广泛研究。

---

① 马新福,刘灵芝. 公民养老权涵义论析 [J]. 河北法学,2007 (9):40~42.
② 刘灵芝. 论公民养老权的制度化 [J]. 行政与法,2008 (11):109~111.

现有研究主要围绕以下主题展开：

（1）土地流转制度下农民养老保障的现状与问题研究

目前大多数研究都局限于强调农村养老保障缺失对土地流转制度的顺畅实施所造成的障碍的层面。① 研究主要关注土地流转制度对农民权益包括养老保障权益的忽视甚至侵害及制度性保障缺失等问题；② 还有学者通过农民对土地流转的意愿进行实证研究，得出农地流转后的社会保障问题是农民是否愿意流转农地的决定性因素的结论。③

在土地流转造成农民权益受到侵害的原因分析中，有学者分析农地流转过程中过多的行政干预损害了农民的经济利益，土地流转中政府角色错位。④ 乡村干部滥用权力自行决定，地方政府基于地方利益考虑进行的集体土地流转收益的强制分割，让土地流转的行政干涉披上"合法"的外衣。⑤

针对当前土地流转不足的现状分析原因，一是农地流转的现实供给不理想。农民基于现实状况做出理性选择，土地交易大都不会选择通过市场行为实现，契约行为多为口头协议和无偿流转，大大降低了农民出让土地的收益性，土地的流转供给积极性随之受到影响。韩连贵的一项调查显示，非但没有收益，还需要倒找钱的转出户占转出户总数的70%。⑥ 农地流转没有健全的市场配套，即使有农地的移转，也没有交易价格或价格偏低，交易成本不足以发挥价

① 钟涨宝，狄金华. 农村土地流转与农村社会保障体系的完善 [J]. 江苏社会科学，2008（1）：147～151.

② 温铁军. 土地制度改革与农民利益问题 [J]. 广东经济，2008（6）：4～9.
许恒周，曲福田. 农村土地流转与农民权益保障 [J]. 农村经济，2007（4）：29～30.

③ 尹珂，肖轶，罗光莲. 基于城乡统筹试验区的农村土地流转实证研究——以重庆市北碚区农户调查为例 [J]. 中国农学通报，2009（19）：339.

④ 胡同泽，任涵. 农村土地流转中的主体阻碍因素分析及其对策 [J]. 价格月刊，2007（7）：54.
曲福田. 21世纪海峡两岸土地利用策略 [J]. 中国土地科学，2001（11）：17～18.

⑤ 钱忠好. 乡村干部行为与农地承包经营权市场流转 [J]. 江苏社会科学，2003（5）：43.

⑥ 韩连贵. 关于农村土地使用权流转的发展趋势分析 [J]. 经济研究参考，2005（10）：26.

格功能反而会降低交易机会和交换意义。① 绝大部分从事农业的是中老年人，由于从事农业生产的惯性，很难适应依靠一定的文化素质才能胜任的非农就业竞争，因此土地之于这部分老年人依然具有较强的保障功能和就业功能。② 二是农地流转的需求不足。农产品的市场供需受到一定程度的限制，农业也在产业结构调整中处于下行趋势，农业的比较收益下降固然会影响农业的资本流入。因此，外出务工的农户转让其土地承包经营权的意愿受到现有需求水平的影响，根本不能调动土地流转的积极意愿，形成需求不足的现状。③ 三是农地财产权制度不够完善。集体土地财产权关系混乱是根源，利益主体的行为产生错位，利益分配也随之出现非均衡性，土地制度则难以形成有效地激励和约束功能。模糊的财产权关系不会产生资源优化配置的效果，进而阻碍土地的合理流动。④ 以上研究都侧重从土地流转制度障碍角度谈其与农民养老保障的关系。土地流转制度不完善、规模不足使得农民流转土地后对养老的积极意义并不大。相反谈农民社会保障对土地流转的积极意义的偏多，认为农村社会保障的制度供给为土地流转创造条件，如果社会保障缺位，土地就很难有效的流转起来。⑤ 也有学者提出建立健全农村基本社会保障制度，就要消除土地的社会保障功能。土地保障只是我国农村社会保障制度建立过程中的一个过渡形式，所以，进行土地流转机制创新，就要积极且稳妥地推进农村社会保障制度改革。⑥ 但对于如何看待它的

---

① 史清华，徐翠萍. 农户家庭成员职业选择及影响因素分析——来自长三角 15 村的调查 [J]. 管理世界，2007（7）：75～83.

② 王克强，刘红梅. 经济发达地区农地市场中农户土地供给和需求双向不足研究 [J]. 经济地理，2001（S1）：233～237.

③ 初玉岗. 企业家短缺与农地流转之不足 [J]. 中国农村经济，2001（12）：61～69.

④ 卢永生. 试述土地流转机制的完善与创新 [J]. 苏州农村通讯，2001（2）：10.
马晓河，崔红志. 建立土地流转制度，促进区域农业生产规模化经营 [J]. 规模经济，2002（12）：63～77.
周先智. 影响我国农村土地流转的成因探析 [J]. 理论月刊，2000（8）：59～60.
陈卫平，郭定文. 农户承包土地流转问题探讨 [J]. 经济问题探索，2006（1）：70～74.

⑤ 党国英. 谈土地流转与农村改革 [EB/OL].（2008－10－07）[2009－07－02]. http://www.people.com.cn/GB/32306/54155/57487/8140893.html.

⑥ 李勇. 农村土地流转的现实价值及其路径选择 [J]. 哈尔滨市委党校学报，2009（11）：6～9.

长期性、过渡多久、过渡的手段、如何解决过渡时期的问题，却没有给出方案，这也正是解决现行土地流转制度下农民养老保障问题的难点。究竟什么是解决问题的初始"钥匙"，在二者的因果关系中容易陷入混乱。

（2）土地保障功能研究

农民的土地有三重功能：一是所有权功能，二是就业和发展功能，三是保障功能。[①] 还有学者将土地功能区分为经济功能和社会功能。在经济功能上，土地是农业生产必不可少的重要生产要素；在社会功能上，土地则是农民一直以来赖以生存、繁衍的重要生活保障。同时认为土地的经济功能和社会功能是对立的。如果土地的保障功能太强，人们就不会更好地发挥土地的经济功能，从而使得土地集中经营受限。以土地作为农村人口生活保障的载体，不利于土地资源配置效率的提高，也不利于农业剩余劳动力的转移，不符合城市化和现代化的客观趋势。[②] 要想发展规模经营的现代化农业，就应当将"保障"从"土地"中剥离出来。[③] 笔者认为持有土地保障功能的降低有助于土地流转的意见是可怕的，这种逻辑是让农民生活得更差，使农民既无办法在土地上生存又无优势与城镇居民竞争，只能降低现有的生活水平，农民权益受到更大侵害的可怕逻辑推论。土地保障功能更强，不是农民固守在土地上的原因。土地产出不多、土地价值降低使农民被迫流出农村、土地被迫流向需求方，才会让土地的经济功能更好地发挥，才会有土地集中、规模经营的效果。

在农村集体经济体制所形成的土地集体经营环境中，通过土地收入对特殊困难老人实行集体养老，是一般依靠家庭养老方式的例外。大多数农村老人的养老都是来自一种非现金储蓄的方式，即"养儿防老"。家庭联产承包责任制就是通过提高土地收入的办法增强土地的保障功能的，因此得出结论，过分强调土地的保障功能，

---

① 卢海元. 土地换保障：妥善安置失地农民的基本设想 [J]. 中国农村观察，2003（6）：48～54.

② 杨学成，曾启. 试论农村土地流转的市场化 [J]. 中国社会科学，1994（4）：16～22.

③ 郑雄飞. 从他物权看"土地换保障"：一个法社会学的分析 [J]. 社会学研究，2009（3）：163～186.

就必然会导致土地的细分，形成规模流转经营的障碍。① 有学者认为，土地究竟能够对农民提供何种程度的保障，如果土地保障不能满足农村居民最基本的对生活保障的需求，那么就不能因为农民拥有土地使用权而在社会保障的问题上对农民区别对待，否则就有失公允。② 但在社会保障体系不完善的情况下，土地的保障功能不可忽视。③ 农村社会保障存在的问题主要体现在层次低下、范围狭小、覆盖失衡、项目不全、社会化程度不高、保障能力低。④ 梁鸿在研究家庭土地保障功能时认为，土地保障作用主要来自土地收成。通过对苏南农村家庭土地保障作用的调查，他发现：苏南农村绝大部分农户的家庭日常生活消费不能单独依靠土地收益，但尽管土地的保障能力有限，农民还是依据生活风险最小化行为选择原则选择土地作为一种生活保障。研究认为，相较于苏南，尤其在经济比较落后的地区，农民生活水平比较低、家庭抗风险能力太弱，土地仍是生活重要的保障，因此不宜强行推行社会保障。⑤ 更令人担忧的是，传统的土地保障基础已经发生深刻变化，农民依托来自土地之外的非农收入的比重越来越高，尤其在生活遭遇风险时更是不能倚重微薄的土地收益作为保障。因此，农民越来越轻视土地甚至试图放弃土地，土地保障出现了"虚化"的现象。⑥ 一方面土地仍然存在保障功能，但保障水平较低；另一方面土地流转并不能带来什么经济收益，一些土地流转的农户多是基于更高非农经济效益的追求。钟涨宝等对湖北、浙江等地的 230 户农户的问卷调查分析后认为，实行家庭联产承包责任制以后，农地的成员均分制让农地资源在更加有限的情况下进行细分，资源短缺性日益严重，在非农收入的比较收益中选择放弃传统的生存方式转让承包经营权，是劳动力转向非农产业获

---

① 姜长云. 农村土地与农民的社会保障 [J]. 经济社会体制比较, 2002 (1)：49～55.

② 温铁军. 形成稳固的受惠群体——关于农地制度创新的思考 [J]. 中国土地, 2001 (7)：12～14.

③ 姚洋. 中国农地制度：一个分析框架 [J]. 中国社会科学, 2000 (2)：54～65.

④ 宋明岷. 失地农民"土地换保障"模式评析 [J]. 福建论坛（人文社会科学版）, 2007 (7)：30～33.

⑤ 梁鸿. 苏南农村家庭土地保障作用研究 [J]. 土地中国人口科学, 2000 (5)：38～39.

⑥ 梁鸿. 土地保障：最后一道防线的虚化 [J]. 发展研究, 1999 (6)：25.

得比较收益的原因。① 这更能说明农民的保障权益很难得到满足。提高土地保障功能是否一定意味着加重农地细碎化现象，阻碍土地流转的顺畅实行呢？目前理论界一致认为这是肯定的。

（3）土地流转制度下农民养老权的实现依据研究

在制度选择理念研究方面，主要观点有着眼于处理好公平和效率的关系的"底线公平说"。该观点认为如果社会缺少了这一部分，公民就会失去生存的保证和谋生的基本条件。因此，需要社会和政府来提供必要的机会和资源。所有公民在这条底线面前所具有的权利的一致性，就是底线公平。对于养老保障来说，一个老人依靠最低生活保障加上卫生保健和医疗救助，就可以获得最基本的社会保护，这是政府的责任。② 这种理论依据更多的是出于对农民养老权这一基本权利的考虑。与之相关的"政府责任论"指出，政府责任不能以政府是否对农民有公开的承诺为标准，现代社会保障"既不再是传统的恩赐式官办慈善事业"，也不是以"契约为基础"，而是建立在社会发展进步和社会公平的基础之上的，是基于人们对平等、幸福、和谐生活的追求和保障全体国民共享经济社会发展成果的正义举措。③ 李迎生认为，政府责任体现在构建农村社会保障制度的基本框架，建立和完善农村社会保障管理体制，政府承担必要财政责任和多渠道筹资的筹划与推动，社会保障基金的保值增值运行，建立健全监管制度，农村社会保障制度的立法责任，以及各种外部环境的搭建职责等方面。同时指出政府对农村社会保障责任履行过程中存在认识与实践的偏差。当前，为保证政府切实地履行在农村社会保障制度建设中的职责，需要纠偏，既要对保障功能有正确的认识和合理的估计，也要改变"重城市、轻农村"的长期城乡二元结构。④ 而郑功成的"分类分层推进说"和李迎生的"统一但有差别说"都提到了特殊阶段的过渡问题。郑功成指出中国是一个发展中国家，由于经济落后、财力薄弱、城乡及地区差距极大，国情事实

① 钟涨宝. 农地流转过程中的农户行为分析 [J]. 中国农村观察, 2003 (6): 55~64.
② 景天魁. 论底线公平 [N]. 光明日报, 2004-08-10.
③ 郑功成. 农民工的权益与社会保障 [J]. 中国党政干部论坛, 2002 (8): 2~24.
④ 李迎生. 立足现实、面向未来: 农村养老保障制度改革的"过渡模式"设计 [J]. 毛泽东邓小平理论研究, 2005 (10): 42~47.

表明至少在现阶段还不具备建立一元化的社会保障制度的客观条件。因此，主张将多元的制度安排作为现阶段社会保障建设的必要过渡，最终实现一元化的制度安排的发展目标。① 李迎生将"过渡模式"设计为"以自我养老（通过实施个人养老储蓄计划等）与家庭养老的合理结合为主、辅之以一定的社会支持"的模式，考虑实行一种基于大部分农村地区现实情况，同时又便于未来与"整合模式"衔接的农村养老保障模式。"三结合保障说"的代表学者杨翠迎认为，我国农村人口基数庞大，任何一种单纯的养老方式都难以担此重任。农村养老需要发挥家庭养老、社会养老保险、社区养老等保障方式的合力作用。她主张我国农村养老保障在不同地区的经济发展水平差异的基础上形成地方各异的区域型养老保障模式，而且重点在于解决养老资金来源的问题。② 袁春瑛等认为，在中国目前的社会经济条件下，要发挥各种保障功能的作用，提高土地的保障能力，使传统的家庭养老保障功能得以发挥，最终形成家庭养老、土地保障与社会养老三者结合的架构。③ 面对农民养老问题解决的长期性和经济发展的渐进性，应该说这是一种理性选择。

（4）土地流转制度下农村养老保障制度实践的经验与启示研究

在以农地规模经营和农民增收的目标共识下，全国各地对农地流转模式进行了多种形式的地方探索，典型的有：广东的南海模式，甘肃庆阳的土地股份合作社，山东枣庄的土地资本化试验，成都的农村产权交易所等。④ 现在农地承包经营权出资入股的重庆模式，还有"土地换身份"的成都模式都是"土地换保障"（卢海元，2003；张时飞，唐钧等，2004）、"实物换保障"（卢海元，2003）等设想的具体应用。"土地换保障"将"国家保障"与"土地保障"构建了一个"二选一"的紧张关联⑤，因为有学者认为，农民获得"国

① 郑功成. 加入 WTO 与中国的社会保障改革 [J]. 管理世界，2002b（4）：37～44.
② 杨翠迎. 中国农村养老保障何去何从？——对农村养老保障现状与问题的思考 [J]. 商业研究 2005（8）：169.
③ 袁春瑛，薛兴利，范毅. 现阶段我国农村养老保障的理性选择——家庭养老、土地保障与社会养老相结合 [J]. 农业现代化研究，2002（6）：430～433.
④ 杨德才. 论我国农村土地流转模式及其选择 [J]. 当代经济研究，2005（12）：49～52.
⑤ 秦晖. 中国农村土地制度与农民权利保障 [J]. 探索与争鸣，2002（7）：15～18.

家保障"与"土地保障"就意味着农民获得双重保障，这反而对其他社会成员不公平。① 至于土地如何换保障，存在土地换社会养老保险与土地换商业养老保险两种不同模式，分别以浙江和重庆为代表。两种模式发挥了多方面的积极作用，但都存在一定局限性。②

农地承包经营权出资入股的重庆模式与"土地换身份"的成都模式，都有着良好的改革初衷，都是为了加快城乡一体化进程和农村经济产业化发展，又被统称为"成渝模式"。但二者又有着重要的差异。"出资模式"并没有改变土地的集体所有制即公有制的所有制性质，只是在微观层面上对使用权进行明确，遵循了制度的连续性和制度"路径依赖"的原则，因此，农民对土地的权利被明确化而非被侵夺了，改革受到的阻力和社会风险降低，但农民要承担入股经营的市场风险③、"龙头企业"与集体合谋侵权的政治风险和风险责任分担则会产生更大的保障危机的可能性。而成都试点"土地换身份"改革模式所强调的"双放弃"和"两股一改"却是要农民放弃土地权利，农民放弃耕地的承包经营权以后可以享受政府的安置补偿，农民可以集中迁居城市，获得与城镇居民同等的社保待遇。居住条件与工作方式的城市化引发社会保障标准的城市化，是这一制度的初衷。但不能忽视的是这一改革显然以农民过渡为市民的轻松转变为假设前提，实际上农民的土地权利被剥夺，其获得城镇就业的实际状况并不乐观，因此，这一模式较之前者而言，激进中有些许草率。成都市实施的"土地换身份"改革模式是以城乡统筹的大方向为改革目标的，但改革的风险则在于农民土地权利放弃后的城市融合问题，以及政府借机通过合法运作实施土地财政，土地财产利益无形中被瓜分，而农民利益受损的问题。尽管当前政府承担责任的社会保障制度正在向农村覆盖或延伸，但这都不能抹杀土地所承载的重要的社会保障责任。从两类模式中我们发现，现有的土

① 马小勇，薛新娅. 中国农村社会保障制度改革：一种"土地换保障"的方案 [J]. 宁夏社会科学，2004（3）：59~63.

② 宋明岷. 失地农民"土地换保障"模式评析 [J]. 福建论坛（人文社会科学版），2007（7）：30~33.

③ 肖轶，魏朝富等. 重庆市两种典型农地流转模式比较分析 [J]. 中国农村观察，2009（3）：19~25.

地流转模式可能都更多地依托于当地的经济社会发展情况，实际上未必有可以大范围推广适用的条件。

1.2.3　研究述评

（1）研究特征

从研究内容来看，首先是现有研究以土地流转对农村养老保障制度产生的问题描述为主，对土地流转制度下农村养老保障制度选择的特殊性依据的研究相对较少；几乎所有的研究都试图降低、剥离土地保障功能，将土地的社会功能和经济功能对立，以及将土地保障功能与土地流转之间构成反向关联，这势必会形成一个顾此失彼的方案。

其次，土地换保障的简单交换理念虽然较之以前能够更加重视到土地承载的保障功能和土地流转后应当实现的保障功能的填补[①]，但将土地的财产价值与农民的养老权益混同了。农民的养老权是基于公民和自然人而享有的，在我国，农民的养老权被预设由土地提供。土地的保障功能有养老功能、就业功能以及作为生产资料的财产价值，同时具有升值空间的资本特性。如果交换，就要有精确的可拆分的比例，正是基于此，持土地换保障论者都积极主张将土地的养老功能剥离出来，但这是显然做不到的，只能算是简单的抵用方式，缺乏养老的长远考虑。

再次，各地具体的探索模式基本上着眼于地方经济发展的条件和契机，依托区域经济发展的大势而形成各地有别的模式，因此似乎都不具有向全国推广的价值，但各种模式共同关注的都是土地的资本效应，当财产权确定、承包权稳定后，土地的资本因素得到确认，通过土地本身人们可以获得财产性收益是各种模式创新的预设前提。

最后，对财产权问题的关注集中在财产权制度不清晰的一面，实际上国家相继出台的《土地管理法》、《土地承包法》与《物权法》都在一定程度上廓清了土地承包经营权的基本法律属性。依据

---

① 郑雄飞. 破解"土地换保障"的困境——基于"资源"视角的社会伦理学分析[J]. 社会学研究，2010（6）：1~24.

土地承包经营权的用益物权属性，农民可以通过流转土地权利实现土地价值，从而获得土地的财产性收益。现在的财产权不清问题不是纠结在土地权利的基本权利属性、权利性质、根本特征等问题上，而仅仅是集体权利与个人权利在经营权方面的模糊界分上，以及个人土地经营权实现的配套权利（如独立谈判、订立合同、不受干涉的排他性权利等）上，它对土地流转会产生影响，但不会形成决定性的、根本性的阻碍，而且在流转逐步扩大的过程中可以通过农民自身权利意识的觉醒和强化加以缓解，换言之这也是一个必经的财产权利发展的民主过程。

从研究视角来看，一方面，现有研究主要采取较为单一的视角，在土地流转制度广泛实施中探讨政府应为农村设计什么样的养老保障制度，而忽视农地流转本身的经济效益与社会制度整合的关系，农民对财产权问题的消极和有限参与，使得自然产生收益与养老保障的关系不明晰；从财产权和养老权的角度进行的研究更是少之又少。另一方面，现有研究过分关注城乡二元结构下实现城乡统筹的方面和城乡一体化的未来趋势，却忽略如何在我国目前面临城乡差距长期存在的情况下，给出从农村实际出发的农民养老权的实现路径，以及在土地流转过程中切实保障农民养老权益的可操作性方案。

（2）研究趋势

土地财产权问题一直是研究的主线和核心，对土地财产权的清晰界定是土地流转制度实施的前提。土地财产权越来越受到学者的重视，西方一直以来较为完整的土地财产权与我国土地财产权有着本质的差别，如何以灵活变通又保障农民权益的方式实施土地财产权，如何在土地财产权与农民养老权之间建立积极互通又保持独立性的关系，成为目前国内农民养老保障制度研究的一个重要课题，并且大有理论和实践研究的空间。中国社会仍然面临剧变，特别是在社会转型期间，对过去的过度迷恋和对现实的割裂性判断都是非理性的，土地财产权的历史分析、财产性分析和社会权利统合都是在新的农村土地制度建构、实践中要去解决的重要问题。土地流转过程中的利益纠葛复杂，如何保证农民在流转过程的切身权益尤其是养老权保障，农民享有的土地财产权独立和人格独立是切实参与利益博弈和利益选择的重要方面。因此从财产权出发探求农民养老权的实现是联通土地制度与农民养老制度的重要途径。然而很多发展中国家，包括少数一些发达国家如韩国、日本，今天仍然是小规模的农业生产。在探索我们的农业现代化的路径中，如何走出一条有中国特色、解决中国真问题的农地利用、农业发展、农民保障的道路是国内这方面研究的未来定向。

1.3 研究思路与研究方法

1.3.1 研究思路

围绕如何解决土地流转制度下的农民养老保障问题，以构建可持续性的、由三方主体共担的土地流转后农民养老体系为中心，遵循破题、立题、析题、解题的逻辑顺序，本书包括以下四方面的内容：其一，财产权、养老权与土地制度、土地流转之间的关系究竟是怎样的；其二，土地流转后农民养老保障途径选择有哪些变化，土地流转后农民养老保障的市场支持如何发挥作用，政府责任是什么，土地养老和家庭养老面对新问题的解决路径是什么；其三，土地流转对农民养老保障解决的初探过程中，土地资本价值如何实现以及土地财产性收益下新的农民经济组织的构建路径是什么；其四，农地流转制度下形成福利主体多元的良性互动的政策性建议。

逻辑结构和内容安排如下图所示。

土地财产权渐渐明晰，农地流转制度出现

农民养老保障问题严重

土地财产权与养老权关系的研究背景

研究意义

财产权与养老权统一

财产权与养老权辨析，土地财产权的变化与农民养老权的实现

财产权权能、主体变化与养老权实现

财产权与养老权关系梳理

土地非商品化使土地养老功能受限，权益主体联合成为必要

农地流转制度下土地养老的现状与问题

财产权与养老权交换的逻辑错误，不具备正当性

土地承载的养老功能仍然存在

代际关系新变化

农地流转过程中财产权独立与农民自力养老

家庭养老观念更新

农地流转下家庭养老功能的发挥

个人财产权独立使自力养老实现

农地流转制度下农民养老保障的多元化

农地流转过程中财产性收益的获取与自组织的关系

农地流转多元主体养老功能的实现路径

财产权交易使市场主体介入养老供给

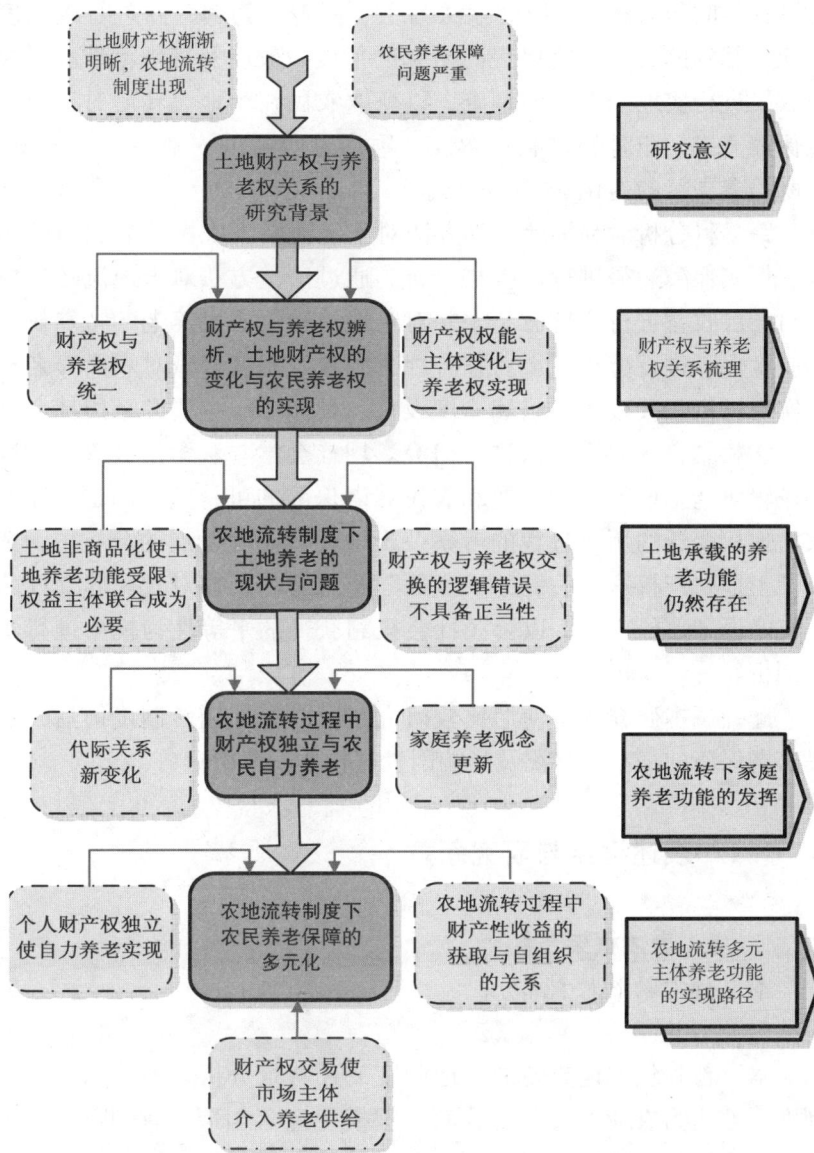

农村土地财产权与农民养老权的逻辑结构和内容安排示意图

1.3.2 研究方法

依据研究内容及思路，本书主要采用定性的研究方法。具体来说，拟采取以下几种研究方法：

资料收集方法——以文献法为主、调查法为辅。并进行以深度访谈为基础的实证研究以提高研究的信度、效度及其规范性。通过对农民进行实地个案访谈调查，以获取农民在土地流转后对土地养老保障需求、土地财产权的落实、财产性收益的农业与非农比例、家庭养老支持的变化等方面的信息。

跨学科分析。利用社会学方法对土地流转下农民养老保障的需求、切实保障途径进行调查与分析。通过法学方法对土地流转形成的财产性收益进行定性分析，并对土地流转下农民养老的特殊权益和制度保障进行分析。最后整合社会发展、制度保障对农民养老权的实现进行相关政策建议和制度设计。具体来说本研究采用社会学与法学相结合的研究方法进行研究。用社会学与法学的概念、方法和逻辑研究土地财产权问题和农民养老保障的可持续性问题。在对农村地权变迁的历史过程的考察及土地流转制度发展的分析中，选取了土地财产权这一关键的"截面"进行分析；在对农民养老权的现实的思考、研究中，以公民社会权利获得的平等性为视角进行实质剖析。

此外，本研究还将使用比较研究法，对土地流转制度前后，农民养老保障的需求、状况及影响因素进行比较分析。

1.4 表述框架与研究新意

1.4.1 表述框架

本书分为以下七个部分：

（1）导论

本章首先从农地流转的土地制度变迁背景分析土地使用权流转制度一方面为农业的现代化经营、规模化经营创造了有利条件，另一方面也是为最终实现农民利益着想的根本制度。而农民养老权益保障更是农民权益保障的重要方面。通过分析土地养老与社会养老、家庭养老的关系，以及农地流转后土地财产权的落实与农民支配、处置财产的自由权，提出农地流转制度的广泛适用势必要求正确认识农民土地财产权与养老权之间的关系，进而提出本书的选题原因及其研究意义。最后，对相关文献和实践模式研究情况进行综述和分析，找出当前研究的不足，并介绍本选题的研究思路、结构框架、研究方法。

（2）财产权与养老权关系辨析

本章以法学的视角对财产权和养老权的关系进行全面解析，从权利主体、客体、内容的分析得出两大基本权利的各自权利属性。财产权的权利属性偏向于主体平等性、可流动性和独立性上，体现了文明发展历程中"从身份到契约"的转变；而养老权的权利属性可以从其权利谱系中的具体定位得出其作为基本人权的不可剥夺、不可转让性。此外还探讨了财产权与养老权关系的历史流变，以此说明财产权与养老权之间的历史性统一与紧密关联，并指出财产权的确立和保护是人格独立的体现和养老权实现的前提。

（3）土地财产权变化与农民养老权的实现

本章通过对土地承包经营权的财产权内涵的确定，以及分别以土地财产权与农民养老权实现为线索的土地制度改革的历史回溯，形成土地财产权变革与农民养老权实现主体和实现方式的关联分析，进而提出农地流转过程中财产权与养老权之间存在的实质性关系。

（4）农地流转制度下土地养老的现状与问题

本章通过对土地养老功能进行重新审视，从财产权与养老权关系的角度指出"土地换保障"不具备正当性基础，同时土地的养老功能不可能从土地众多的保障功能中分离出来。土地的非商品性问题导致土地财产价值受限，进而影响土地养老功能的发挥。同时农地流转制度要求权益主体形成联合，以促进土地财产权利的公平实现。

（5）农地流转过程中财产权独立与农民自力养老

本章通过对农民家庭养老代际关系的新变化的探究发现，财产承继性减少引发代际间平等性增强。子女提供赡养既有子女养老能力的问题也存在子女养老意愿的问题，家庭养老观念的更新更侧重精神情感的依赖和经济自主性。

（6）农地流转制度下农民养老保障的多元化

在基本制度环境允许的情况下，提高土地流转的财产性收益是实现财产权与养老权的关键。同时农地流转引致农民养老供给主体变化。针对农民养老供给主体多元化的趋势进行分析，并依据福利多元主义与"第三条道路"的理论解释，指出农地流转为市场主体提供养老带来了机遇，同时减轻而非免除了农民养老的国家责任；市场通过土地资本市场提供农民养老支持，农民自组织在土地流转中形成并可以提供社区供给；财产权独立和自由流转后农民自力养老的实现促进、完善家庭养老新关系，因此土地流转促成多主体之间的良性互动。无论是国家养老、家庭养老还是土地养老都不能独负重任，农地流转以后更需要国家实现财产权与养老权联通的制度安排与新形势下家庭养老的应对，以及土地养老的新改变。认为国家对农民的养老责任更应该侧重于补足农民养老的能力，土地财产价值的实现必须符合市场要素的特性和市场环境的搭建。资本与土地的结合，将大大拓展农业的内涵和增值能力。

（7）结语

农地制度与财产权、养老权、福利主体多元。提炼本书的主要观点，结合我国土地流转制度对农民养老保障的影响和现实探索的制度模式以及面临的问题提出研究展望，并对研究局限进行分析。

1.4.2　研究新意

从研究视角和方法看，本研究特别重视社会学、法学等学科视野的融合，突出土地流转所获财产权与农民养老权之间的关系，并进一步对农民、市场、自组织、政府在农民养老保障中的作用进行定位。

从研究对象看，与以往的研究较多地关注农民养老保障制度对农地流转的影响相比，本研究更侧重研究土地流转对农民养老保障的正向作用；与以往研究较多地对城乡一体化趋势进行描述和定位相较，本研究更注重对这一过程的长期性给予的正视以及切实可行的路径探索。

从研究内容看，以下观点可能会有创新：

①土地流转形成的财产性收益源于土地承包经营权的权属确定。确定土地财产权的归属不一定意味着农民获得养老保障。以土地流转制度为契机形成农民养老保障的切实路径需要改变农民因权利有限造成的弱势。

②土地流转制度在实践中的落实方式不同，对农民养老所形成

的影响不同，土地流转后农民的实际财产性收益的增加才是农民养老问题的关键。财产权与养老权的联通需要以农民权益保护为出发点构建土地流转制度的规模、范围、组织和框架，更好地实现对公平价值的关照。

③土地流转制度可以通过农村居民在养老模式选择上的新问题与现行养老保障城乡二元体系的冲突的解决，对未来城乡一体化养老的对接产生积极影响。土地流转在农民养老保障的城乡统筹中起到重要的衔接作用。

④政府推行的农地流转制度并没有减弱或代替家庭、政府和市场在养老保障中的作用，反而强化了农民对养老资源供给的组合依赖，提升其抗风险能力。实践中政府责任是让土地流转对农民养老保障负责，在土地流转制度逐步规范化过程中，政府对农民养老保障的主动介入是政府积极能动履行责任的另一种体现方式。

⑤农民在平等的基础上通过协商，依法、自愿、有偿地流转自己的土地承包经营权，必须强调农民自己是流转主体，其养老保障问题自然是他们会考虑的问题，因此，作为流转主体的农民的主体意识和参与意识的确立，以及确保农民流转主体地位的相关制度的确立是其养老保障得以解决的前提，而农民的人格独立又是以财产独立为先决条件的。

⑥改变将土地的社会功能和经济功能对立的观念，以农地流转为桥梁，提升农地流转价值。附着在土地上的固有价值的提高增强了土地保障功能，通过农地流转进一步活跃了土地要素在市场中的作用，从而为土地的经济功能和社会功能同时加码，实现土地财产权和保障农民养老权，二者可以兼顾。提升农地流转价值从根本上是要提高农业经营效益和比较利益水平。

2　财产权与养老权关系辨析

农民养老权保障的现实路径是通过收入的增多而享有更多的养老资源，获取孝道之外的平等家庭成员的尊重和照料。农民养老权难以保障和落实的原因是农村老年贫困现象普遍。财产权、主体地位以及养老权之间存在着必要性的关联。对于农民而言，只有有机会获得生产性的土地，才有获得收入的权利，才可以得到获得重要民生的权利。[①] 财产权作为一项自由权更加强调权利主体的平等性、流动转让的自由排他性和财产权收益价值性；养老权作为生存权和社会权的属性决定了农民养老权的正当性，以及国家提供农民养老资源或者是农民获取养老资源的必要性，但城乡二元结构的现实则要求农民养老权的落实更要侧重于保障资源的可得性问题。因此我们面临的两大问题，一是如何增加农民土地财产收益从而实现完整、充分的土地财产权，二是实现农民养老权可以依托和诉求的国家提供何种保障资源，二者都将问题指向了土地流转，希冀可以通过土地流转制度让农民中的贫困者受益，减贫赋权，进而落实养老权。通过权利概念和属性的分析，我们可以梳理财产权与养老权对于土地财产权能转易的需求，以及为农民养老权的保障提供财产权利的基础和关联。

2.1　财产权与权利属性：主体平等性、排他性与可转移性

2.1.1　财产权的基本内涵

财产是属于某人所有的具有金钱价值的东西的总称。除动产、

---

① Andrew Dorward. Land Reform in Developing Countries: Property Rights and Property Wrongs [J]. *Journal of Agricultural Economics*, 2012, 63 (2): 484 – 486.

不动产以外，还包括权利和义务。"人际关系与信用也是一种财产，是利益源泉的财产，但是传统的财产法不论及这种带有比喻意义的财产。"① 财产权是对财产的全部权利。在法学传统话语中，财产权一般指私有财产权，公有财产权问题较少涉及。因为私有财产权更能成为人们满足自身需要和实现独立自主人格的基础，所以人们普遍地关心私有财产权；公有财产权由于是私有财产权的让渡而形成的与政治权力的结合，就成为对公共安全更为关注的理由。② 学者们认为财产权的根本功能是划分"你的财产"和"我的财产"，对财产归属和分配进行确定，如果财产是公共的，则谈不上财产权问题。人们关心的是财产如何从共有的东西成为个人私有的问题。③ 因此，财产权实质上就是私有财产权。本研究中的财产权，从功能上讲也着重于能够给私人带来经济利益、可以为私人拥有的财产权。

　　财产权在公法与私法中的界定有所不同。在现代宪政国家中，财产权与公民的生命权、自由权一起构成了公民最基本的三大权利体系，集中体现着人的基本价值与尊严。④ 正是私有财产的出现才有了阶级与国家的产生，法也才随着国家的出现而成为一个特定的历史范畴。因此，私有财产是先国家性的概念，私有财产所享有的财产权不是法律授予的，它是一项基本权利，来自对自然权利的认同。只不过法定权利会依据利益调整的需要，进行私有财产权不同权利主体冲突、利益倾斜保护的现实规制。为稀缺资源的争夺而制定的基本规则形成了今天的财产权秩序。强调财产权的第一位经济学家是奥地利学派的经济学家卡尔·门格尔。在 1871 年的著作中，门格尔指出，大多数物品可利用的数量都不足以满足所有人的需求，在争夺稀缺物品的斗争中，每个消费者的利益潜在地与其他消费者的利益相冲突。"由于人类的需求和所有可利用的经济物品之间的缺

　　① ［日］石井紫郎. 财产与法——从中世纪到现代［A］. 基本法学——财产［M］. 东京：岩波书店，1985. 53. 转引自刘坤，赵万一. 财产权制度的存在基础［J］. 现代法学，2004（5）：133.

　　② 易继明，李辉凤. 财产权及其哲学基础［J］. 政法论坛，2000（3）：11~30.

　　③ 王小章. 公民权与公民社会之建构［J］. 湖南师范大学社会科学学报，2010（5）：68.

　　④ 韩大元. 私有财产权入宪的宪法学思考［J］. 法学，2004（4）：13.

口，才必须有财产权来予以规范。"① 我国宪法也经历了从积极和主动保护公有财产，消极、被动保护私有财产，到对公有财产和对私有财产平等保护的过程；以及从排斥对生产资料的保护到公民一切合法财产也包括生产资料在内的保护的变化。这使得财产权保障的理念确立更加完善，对象更加明确。根据宪法修正案的精神，公民的生活资料和生产资料都应受宪法保护，如公民的股权、土地承包权、土地经营权、专利、发明权等。在公民的劳动收入中既包括合法的劳动收入，也包括合法的非劳动收入。非劳动收入主要指持股分红、租金收入、买卖差价收入、彩票中奖等。

公法上的财产权，特别是宪法财产权与民法上的财产权有显著的分别。在财产权作为养老权的基础，需要由国家进行财产资源配置和公民个人的财产权能获得时，则是从公法的视角来审视公民财产权的基础性作用以及公民对抗国家、要求国家履责的。然而我们从土地经营权作为财产权的流转角度考察其与财产权属性的契合时，更多的是从私权的角度来看待这一权利的。民法是"调整平等主体的公民之间、法人之间以及公民和法人之间财产关系和人身关系的法律规范的总和"。财产法律关系在民法的定义中就占了半壁江山，而财产法律关系就是因为财产权而引发的民事法律关系。民事权利以财产权作为参数划分为财产权和非财产权。从一般民事权利的意义来理解，财产权是能够和人身分离的，它具有一定物质内容，直接体现为经济利益的权益。属于这一类的权利有所有权、其他物权、债权、继承权、版权和专利权、商标权等。② 而每一种财产权又包括占有、使用、收益和处分权能。农村土地承包经营权，是指农村集体组织成员及其他民事主体对国家或者集体所有的土地，依照合同的规定对其依法承包的土地享有占有、使用、收益和一定处分的权利。《物权法》进一步明确了土地承包经营权的物权性质，基于此，在土地承包经营权受到侵害时，承包人可基于物权行使物权请求权，并且在土地承包经营权的时间范围内，除赔偿请求权之外的请求权不受诉讼时效的限制。马俊驹、梅夏英在对英美和欧洲大陆两大法

---

① Carl Menger. *Principles of Economics* [M]. Translation of 1871 edition by James Dingwall and Bert F. Hoselitz. New York：New York University Press, 1981. 97.

② 江平. 现代实用民法词典 [M]. 北京：北京出版社, 1988. 31.

系的财产权制度进行历史生成和发展嬗变的对比分析后提出，英美财产法更强调对土地的财产利用，实现财产价值，从而优越于由于对物权归属的过度重视而阻碍了财产利用的欧洲大陆法系。从资源的有效配置和充分利用来看，英美法系更符合现代市场经济制度。①同样是出于使财产得到充分利用和资源有效配置的目的，我们允许财产权的不同权能由不同的主体享有，并为主体之间的广泛流动提供可能，形成今天的土地经营权流转制度。财产权的流动表面上看起来是权利或财产在流动，实际上它是享有权利的主体在发生转换，最终体现的是人与人之间的关系。

2.1.2 财产权权利属性辨析

（1）主体平等性

首先，财产权的权利属性体现在它本身就是一项自由权，强调主体平等行使。在西方各国宪法文本中，几乎所有国家都将私有财产权明文列在宪法中。"不管其原型是取自美国还是法国，或是直接源于其他政治或意识形态源泉，许多宪法都对私有财产的神圣不可侵犯有所宣誓。"②在宪法和宪法性文件中的列明，确立了私有财产权神圣不可侵犯的法律最高效力地位。财产权作为公法意义上的概念与国家形成对抗，要求政府消极地保障公民财产权不被公权力所侵犯，所以财产权首先是一项自由权。"财产权的合理性更多的是建立在财产权与自由之间的必然联系上的。"③然而，财产权是一种极易遭受政府侵犯的个人权利。对此休谟给出了很有说服力的观点，他指出：在人类所享有的内心满意、身体外在优点和通过劳动或幸运而获得的物的享用这三类福利中，最后一类最容易被侵犯，又同时可以在被侵夺后价值没有损耗地为劫取者享用。④财产权是消极的自由。财产权是自由权的最主要体现。财产权的归属使得其他人的

① 马俊驹，梅夏英. 财产权制度的历史评析和现实思考 [J]. 中国社会科学，1999（1）：90～105.

② [美] 路易斯·亨金等. 宪政与权利 [M]. 郑戈等译. 北京：生活·读书·新知三联书店，1996. 155.

③ 蒋永甫. 西方宪政视野中的财产权研究 [M]. 北京：中国社会科学出版社，2008. 110.

④ [英] 休谟. 人性论（下）[M]. 关文运译. 北京：商务印书馆，1980. 528.

干预与限制同自我的保障与不受侵犯有了明晰的边界。此外，财产权的利用和获得的财产性利益也会得到保护。相应地，国家作为义务主体必须保障利益分配的机会是均等的，以实现用财产作为物质保障的生命权和其他一切自由权。获得财产权最重要的目的是实现生命的尊严和自由的基础，它的宗旨不是奴役别人。因此财产权的确立和实现本身是一项体现自由、实现自由和保障自由的权利。

财产权无论在公法还是私法上都体现为公民与国家之间、公民与公民之间、公民与公民同国家之间的三种类型的关系。也就是说公民与公民之间的财产权关系仍需要国家进行确认、维护和管理，最终体现为公民与国家之间的关系。财产权作为一项宪法权利，它的保护必须得到公权力的保障，其表现为一方面避免来自公权力的侵犯，另一方面避免来自私权利的侵犯，因此它具有对抗公权力、也同时对抗其他私权利的双重属性。公民以公法上享有的私有财产权对抗国家，形成与国家的关系；公民还可以私有财产权排除不特定一切主体的侵犯，形成公民之间的关系。①

人类宪政史还表明，财产权既是公民基本权利的重要组成部分，又是公民其他基本权利实现的物质保障与先导。有财产权才会有条件体面地生活，才能让人身权和几乎其他一切法律上的权利有实现的物质基础。从这个意义上讲，财产权是一项实现公民基本权利的基础性权利。土地承包经营权作为财产权的一种，自然也适合上述分析。

（2）排他性

其次，财产权的权利属性具体体现在它的排他性和可转移性上。德姆塞茨提出产权具有排他性（exclusivity）和可转移性（alienability）的特性。② 我国台湾学者陈新民指出："人类之成为人类，必须依赖外界之物质，以维系其生命。这种拥有、掌握外界的物质，就是所谓所有权制度的滥觞。"③ 权利归属上的所有权制度是财产权制度最初产生时要解决的首要问题。财产权以财产利益的取得为主要

---

① 杨海坤. 宪法基本权利新论 [M]. 北京：北京大学出版社，2004. 86.

② ［美］哈罗德·德姆塞茨. 所有权、控制与企业：论经济活动的组织 [M]. 段毅才译. 北京：经济科学出版社，1999.

③ 陈新民. 德国公法学基础理论 [M]. 济南：山东人民出版社，2001. 405.

内容，利益实现的最初形式就是权利主体对财产的直接支配，而无须借助他人。传统财产法意义上的支配，强调对财产（物）的直接占有，强调"物权为直接支配物，而享受利益排他的权利"①，而且这种支配最开始也是全部权能的支配。后来逐步地将所有权的权能进一步拆解，形成分离的定限的物权，如他物权；也会形成并非所有权人亲自行使的间接的财产权，如担保物权。

从财产利用的角度看，权利行使的成本是一个重要的方面。财产权排他性的行使可以通过制度保障排他效力，从而让权利行使的成本降到最低，行使权利时可以更为顺畅地摆脱其他人的干涉，自主地实现对财产的占有、使用与处置。根据科斯定理，现实经济世界中交易成本不为零，所以产权的清晰界定便可以降低交易成本。如若没有清晰的财产权，财产权主体就会利用模糊的财产权边界进行不公平谈判，最终形成效率和公正的双重损失。所以要清晰界定财产权就必须为财产权设定排他性。在一定程度上，这种排他性权利是不须请求他人协商达成一致的，因此有一定的使用效率，并注重财产的安全性。随着社会分工日益精细化，市场交换也频密化，通过分工与交换，生产要素之间的组合也迅速增多，不同的权利主体之间越来越需要通过对各自利用的财产进行共同使用，建立分工合作、人力资源整合，从而使资源得到更高效的利用。资源取得规模效应的同时，财产达到了"物尽其用"，人力资源也在某种程度上实现了"人尽其才"。现代对财产的利用更多的是从财产利用效率提高的角度来应对资源稀缺性的。

传统物权法意义上的物权排他性，是指一物之上不能同时设立两个以上效力相等、互不相容的物权，即对物权竞合的排除。② 具体而言，是不能有两个以上的主体同时享有同一个物权，"一物一权"为物权排他性的典型。"同一客体之上不允许有不相容的物权并存（共有为量的限制物权，两个以上的抵押权有先后之次序）。"③ 财产权制度的确立无非是两个基本社会经济原因：一是资源的稀缺性，

① 史尚宽. 物权法论［M］. 北京：中国政法大学出版社，2000.7.
② 周林彬. 物权法新论———一种法律经济分析的观点［M］. 北京：北京大学出版社，2002.131.
③ 史尚宽. 物权法论［M］. 北京：中国政法大学出版社，2000.9.

在财产的有效配置中更能发挥资源的价值；二是没有财产权的界定，人们就会陷于无尽的混乱争斗。因此，产权制度是原初意义上的契约，但它更强调国家对产权制度的确立和强制实施。"产权是由国家强制界定和实施的，产权的强度依赖于国家保护的有效性。"① 财产权的排他性是让物权的独立性更为清晰的特征。没有独立的财产权，财产权的实现和交换就会出现侵权关系的模糊界定。财产权的排他性是财产有效使用的前提条件，因为财产权的排他使用可以更好地保护财产权，让一切权利人之外的主体都承担不破坏财产权的义务。通常私有财产的排他性高于公有财产的排他性，也正是私有财产使用效率高于后者的重要原因。② 唯有通过在社会成员间确立资源的排他使用权，才能产生激励效果。③ 集体土地的非排他使用就会造成类似"公地悲剧"的结果。土地承包经营权的物权属性决定了它作为一种特殊的、法定的用益物权具有相应的排他性，因此即使是权能分离后的使用权、经营权也是可以排他使用的。

（3）可转移性

财产的流动性即财产的可转移性，既是财产权的重要特征，也是财产权的重要功能。资源的稀缺性特点要求人们更为理性地对待财产。通过合理的制度确保资源配置的优化，从而让财产达到充分的利用。而这一制度首先是以财产的自由流动为前提的，因为"资源的流动过程实际上也是利用方式的筛选过程"④。财产是促进经济福利和社会效率的一个不可或缺的基础。若对人们的劳动果实不加保护，人们就会丧失生产的动力。只有一个包含自由转让权的产权制度才会保障社会资源流到效用最高的用途上去，使社会效用最大化。科斯明确指出资源使用的价值存在大小之别，有效率的产权必须通过产权转让实现价值用途的转移。⑤ 私人产权对"公产悲剧"

① ［美］诺斯. 经济史中的结构与变迁 ［M］. 陈郁，罗华平译. 上海：上海人民出版社，1994. 35.
② 王泽鉴. 民法物权（第1册）［M］. 台北：三民书局，1998. 25.
③ ［美］波斯纳. 法律的经济分析 ［M］. 蒋兆康译. 北京：中国大百科全书出版社，1997. 40.
④ 张云平，刘凯湘. 所有权的人性根据 ［J］. 中外法学，1999（2）：70.
⑤ ［美］科斯等. 财产权利与制度变迁 ［M］. 胡庄军等译. 上海：上海人民出版社，1994. 77.

的避免就源于产权激励形成的对自然资源的过渡使用的制约作用。①

在现代社会，财产权与市场制度相互伴随。商品经济中资源配置的主要手段是市场，通过市场促进资源选择高效价值用途，财产权因而可以自由转让。② 而财产有用性的评价要得益于公平市场竞争机制的引入，唯此，权利主体才可以在市场机制的作用下获得公平参与的机会。在上述财产权边界界定清晰的前提下，进入流通环节的财产权便能得到合理而充分的利用。财产权也正是在动态的流动中实现了自己的最大效用。财产的归属与财产的利用比较起来，前者只是手段，财产的利用，或者说得到安全、有效的利用才是目的。而财产的有用性本身就是由主体间具有差异性的个体来判断，它要通过交易实现使用价值在更多主体间的易手和实现更为紧迫需求的满足。因此财产法的立法目的即为财产的利用创造更好的流通平台和流通保障制度。

综上，根据财产法学原理，财产权不仅具有排他性，还具有可移转性。为了具体化与落实财产权的可移转性，应该允许具有民事财产权性质的土地经营权流转。也就是说，土地经营权流转是财产权的应有之义。同时，利用财产权实现效用高价值的宗旨还要再归结为对个体需求的满足，这是财产权规约不可忽略的重要问题。

2.2 养老权与权利属性：不可剥夺性与不可转移性

2.2.1 养老权的基本内涵

养老权是一个学理上的概念，在具体的法律规范和实践中仍然用老年人的权利、人权、宪法公民权等概念的一部分内容来具体指称。它是每一个人在年老时应当享有的获得生存、生活保障的权利。所以养老权是一项基本人权，受到《世界人权宣言》、《经济、社会、文化权利国际公约》的认可。在我国，它的具体内容规定在宪法、婚姻法、继承法、劳动法和老年人权益保障法中。

---

① ［美］路易斯·亨金等编. 宪政与权利［M］. 郑戈等译. 北京：生活·读书·新知三联书店，1996. 154～155.

② ［美］科斯等. 财产权利与制度变迁［M］. 胡庄军等译. 上海：上海人民出版社，1994. 77.

养老权是一项基本人权，但并不是说老年人的权利就等同于养老权。有学者指出，老年人基本权利体系包括老年人的人身自由权、财产权、接受家庭赡养和扶助权（其中对老年人的赡养和扶助不仅包括经济上的供养、生活上的照料，更重要的是精神上的慰藉，对患病的老年人应当提供医疗费用和必要的护理，并照顾老年人的特殊需要，保证老年人能享有优良的居住环境）、社会保障权（具体包括养老保险、医疗保险、社会福利、社区服务、社会救助以及对老年人的法律援助）、婚姻自由权、老年人的适度的工作权。[①] 可见，获得生存、生活保障的权利仅仅是老年人权利中的一部分内容。

针对养老权的概念界定，学术界的研究并不多。马新福认为对养老权，可以从广义和狭义两个角度来理解和界定。广义上的养老权是指公民在达到法定年龄或丧失劳动能力的情况下，依法享有的生活保障权、医疗保障权和受赡养扶助权。因此可以说养老权是社会保障权的子项权。狭义上的养老权，是指企事业单位的职工和国家机关工作人员在达到法定年龄后享有退休的权利，并有权得到国家和社会对其老年生活的保障。刘灵芝从公民年老时享有的与生存、健康相关权利的角度将公民养老权定位为较为理想的多种权利的集合。[②] 养老涉及三个方面，即经济或物质的供养、生活照料和精神慰藉。"任何法定的权利都会与福利必然具有的直接的或间接的性质存在着关联，因为权利存在于那些可以被期待带来福利的利益。"[③] 但笔者认为，从公民权利的角度来界定养老权非常必要。因此本书这样来界定养老权：如果是一项对抗国家的社会权，那么它强调的是最基本的年老时的物质帮助权；如果是一项民法上的人身权，其义务主体是应该与被保障人具有人身赡养关系的亲属，则养老权的内容除了物质帮助还应该有生活照料和精神慰藉的享有权；如果从养老权的更为积极的实现的角度来看，养老权是公民通过自己的能力，以自己愿意的方式实现养老保障、保全自己天性、保持社会人格的权利。

① 李德龙. 论老年人基本权利之宪法保障［J］. 南京工业大学学报（社会科学版），2006（1）：44~47.

② 刘灵芝. 论公民养老权的制度化［J］. 行政与法，2008（11）：109~111.

③ T. H. Marshall. *Citizenship and Social Class*［M］. Cambridge：Cambridge University Press，1950. 15.

2.2.2　养老权的权利属性辨析

（1）不可剥夺性、不可转移性

从权利性质上看，养老权首先是一项人权，与生存权密切相关。关于权利，夏勇认为，"权利是为道德、法律或习俗所认定为正当的利益、主张、资格、力量或自由"。他同时认为，以上述五个要素中的任何一个为原点给权利下的定义都是正确的。[①] 养老权是公民在年老时拥有的一种资格，是老年人一种正当的利益追求。《世界人权宣言》第二十五条第（一）款规定："人人有权享受为维持他本人和家属的健康和福利所需的生活水准，包括食物、衣着、住房、医疗和必要的社会服务；在遭到失业、疾病、残废、守寡、衰老或在其他不能控制的情况下丧失谋生能力时，有权享受保障。"《经济、社会、文化权利国际公约》第十一条规定："本公约缔约各国承认人人有权为他自己和家庭获得相当的生活水准，包括足够的食物、衣着和住房，并能不断改进生活条件。"[②] 人权是一个应然性的概念，英国的麦克法兰提出人权是道德权利的观点，就是因为人们享有这种权利仅仅因为他们是人。[③] 赋予老年人以养老权不是怜悯和恩赐，而是基于对人本身的尊重。

如果顺利，每一个人都会成为老人，所以基于人而享有的基本生存权就是人权中养老权的基本含义，它足以表现养老权的平等性与不可剥夺性。生存权是指在一定社会关系中和历史条件下，人们应当享有的维持正常生活所必需的基本条件的权利。1991 年，我国发表《中国的人权状况》白皮书，其中就认为"生存权是中国人民长期争取的首要人权，而且，至今仍然是一个首要问题"[④]。生存权一般是指适当的生活水准权，其目的在于"保障国民能过上像人那样的生活，以在实际社会生活中确保人的尊严"[⑤]，而不仅仅停留在

---

① 夏勇. 人权概念起源［M］. 北京：中国政法大学出版社，1991. 41.

② 中国已经在 1997 年签署并在 2001 年获准加入《经济、社会、文化权利国际公约》。

③ 关今华. 人权保障法学研究［M］. 北京：人民法院出版社，2006. 63.

④ ［瑞士］托马斯·弗莱纳. 人权是什么？［M］. 谢鹏程译. 北京：中国社会科学出版社，2000.

⑤ ［美］托马斯·潘恩. 潘恩选集［M］. 马清槐等译. 北京：商务印书馆，1981.

"免于因饥寒而丧失生命的权利"① 层面。尽管在理论上和法律上以及现实生活中大多数人已认定，它不仅是指个体生命在生理意义上得到延续的权利，更是一个国家、民族在社会意义上存在、立足的权利；不仅从结果上要求人的生命安全和人格尊严不受侵犯，更要在根源上保障人们赖以生存的财产不被侵夺。但是，如何将权利落到实处，实现权利的可得性则成为真正关键的问题。

其次，养老权是公民在年老时生命权的体现。在我国的民法体系中它体现为与人身密切相关的一项人格权，即生命权。在生命的延续和代际转移中实现养老的需求和保障，它与人身关系非常紧密。《婚姻法》第二十一条规定："父母对子女有抚养教育的义务；子女对父母有赡养扶助的义务。""子女不履行赡养义务时，无劳动能力的或生活困难的父母，有要求子女付给赡养费的权利。"

由上观之，无论在权利谱系中的任一定位，养老权的享有都不会因为是市民还是农民的身份而有差别。养老权是一种普遍权利，它表明其享有的主体具有广泛性，并且要求作为社会成员的任何主体都平等地享有此项权利，养老权的普适性原则是社会公正价值追求的体现。

（2）要求国家积极行为才能实现

养老权是一项宪法公民权。宪法上公民的基本权利也经历了一个由不受国家侵犯，单纯限制国家权力的消极国家观向国家积极采取行动保护公民权利的转变。② 根据对权利的理论分类和实践中的不同保护方式，可以将基本权利分为自由权和社会权，这也是当今占支配性地位的公民权利的理论分类。③ 20 世纪初德国法学家 G. 耶林内克（George Jellinek，1851—1911）在其举世闻名的《主观的公权体系》一书中，从社会学的角度出发，将人民在公法关系中对于国家所处的法律地位概括为四种：第一种为服从国家的关系，在这种关系中，公民处于被动地位，因此公民只有服从的义务而无权利；第二种为对国家权力的排斥或者拒绝关系，在这种关系中，公民处

---

① ［英］约翰·穆勒. 政治经济学原理——及其在社会哲学上的若干应用（上卷）[M]. 赵荣潜等译. 北京：商务印书馆，1991.

② 郑贤君. 基本权利原理 [M]. 北京：法律出版社，2010.1.

③ 郑贤君. 基本权利原理 [M]. 北京：法律出版社，2010.85.

于消极地位，消极地要求国家不作为，以实现自己的自由权；第三种关系为对国家的请求关系，在这种关系中，公民处于积极地位，国家应公民的请求而进行活动，以满足公民的请求权，公民继而还享有受益权和请求权；第四种为对国家活动的参与权，在这种关系中，公民不满足于被安排的被动地位，公民在这种关系和地位中获取参与权，主动介入制度规制和政策制定。① 概而言之，耶林内克认为基本权利包括消极地位的自由权，积极地位的受益权，能动地位的参政权。② 对此龚祥瑞也有类似的观点。他认为社会权属于积极的基本权利。此种权利需要提请公共权力调配资源让自己的这种社会权通过另一些自由得以实现，与以往保护个人不受政府权力侵犯的消极权利比较起来更具有积极主动的意义。③ 当然，这并不意味着自由权就都是消极的权利，或者在什么情况下都不需要国家提供履行义务。同时，社会权要求的国家通过积极义务来实现的方式是在国家不侵害消极义务的基础上的更高层次的要求。人权是一项道德权利，更具权利的应然性，但宪法公民权却是一项实然的法定权利。④ 养老权具体体现为公民在年老时所享有的物质帮助权和社会保障权，它要求在一定的社会条件下，保障老年生活的基本生活水准，属于一种典型的社会权。或者说在人的尊严含义之下，自由权与社会权是不可分割的，并具有实质性的内在联系。⑤

笔者认为，养老权是指公民在年老时有从国家和社会获得基本生活条件，以维持基本生活水平和社会人格的权利。作为社会权的养老权，实际上是20世纪后才新增的权利内容。我国1982年《宪法》第十四条第四款规定"国家建立健全同经济发展水平相适应的社会保障制度"。第四十五条规定："公民在年老、疾病或者丧失劳动能力的情况下，有从国家和社会获得物质帮助的权利。国家发展为公民享受这些权利所需要的社会保险、社会救济和医疗卫生事

---

① [德] G. 耶林内克. 主观的公权体系 [M]. 曾韬，赵天书译. 北京：中国政治大学出版社，2012. 转引自徐显明. 人权的体系与分类 [J]. 中国社会科学，2000 (6)：100.
② 罗豪才，吴颉英. 资本主义国家的宪法和政治制度 [M]. 北京：北京大学出版社，1983. 94.
③ 龚祥瑞. 比较宪法与行政法 [M]. 北京：法律出版社，2003. 138.
④ 龚向和. 作为人权的社会权 [M]. 北京：人民出版社，2007. 46~49.
⑤ 郑贤君. 基本权利研究 [M]. 北京：中国民主法制出版社，2007. 411.

业。"我国宪法中的"物质帮助权"将福利权的主体限定为"年老、疾病或者丧失劳动能力"的公民,是特殊群体的权利。可见作为宪法公民权的养老权是公民在年老时享有的社会权利之一①,它要求国家义务地积极履行才能实现,国家负有依法提供给公民基本的养老保障的职责。

(3)养老权的实现形式

从福利提供的多元主体的角度看,养老权又可拆分为享受家庭、市场、国家提供养老保障的权利。家庭养老要求有赡养义务的家庭成员提供基本的养老内容。作为公共物品的养老保障在许多国家或地区也开始引入市场机制,国家养老产品的给付是通过养老保险、医疗保险、社会救助等方式完成的。从福利提供主体的角度我们会发现,我国的城乡二元体制在市场提供养老的方式上和国家提供养老产品的数量上都存在不同。

农民的就业方式是务农,所以除却上述的家庭与国家两方主体外,农民养老还有一种方式——土地养老。土地具有一定的养老保障功能,而且土地养老是通过国家赋予农民基于身份所享有的特定承包经营权实现的,所以在一定意义上,土地养老也是国家为农民提供的一种保障。但是土地养老要求农民作为重体力劳动者耕种作业,以土地产出供给养老需求,或者是靠代际转移由子女通过土地实现家庭供养的方式,这在现今时期会出现一些农民养老权实现的障碍。土地流转恰恰是将这种国家赋予农民的保障资源通过市场的方式转换为养老资源,体现农民自我养老的独立性和国家、市场主体的联通性。同时,家庭、市场、国家三方主体是共同完成农民养老权的实现任务的,而且并非是此消彼长的关系,只有三方主体合理分工、相辅相成才能更好地保障养老权的实现。因此如何弥补市场作为主体提供养老产品的不足,是完善农民养老权的一个重要方面。

2.3 财产权与养老权关系的发展与统一

按照经济权利与社会权利发展的大致路径来看,通常都是随着

---

① 刘灵芝. 论公民养老权的权利属性 [J]. 河北法学, 2008 (12): 55~57.

经济财产权利以及经济民主权利的发展，逐步推动社会权发展。同时社会权的兴起与发展又受制于财产权利在主体之间的移转而形成的福利责任变换。但能够形成权利发展不同时序的最根本原因是财产权利与社会权利本质上都是人性正当要求的趋同体现。权利出现的时间差序进一步体现了财产权之于养老权的基础性地位，但二者在人的生存和发展的人本理念和自然正义的追求中又实现了统一，这种统一也随着二者相互牵扯、互为促进的关系而形成阶段性差异，与此相伴随的正是福利责任的移转。

2.3.1 财产权的确立和保护是人格独立的体现和养老权实现的前提

（1）财产权的确立和保护是人格独立的体现

良善生活的追求是以财产权的享有为前提的。如果没有财产权利，个人就无法保障基本的生存，更谈不上有尊严和自由的生活，更遑论独立自主地参与社会生活。"人类宪政史表明，财产权是一切政治权利的先导、人权的保障、市场经济的核心以及社会经济繁荣的动力支撑。"① 现代人权理念以人性尊严为核心价值，财产权与生命权、自由权一起构成了公民基本权利的核心内容。财产权单纯的物质利益的经济功能已经发展为构成其他权利实现基础的复合功能的基础性权利。财产权作为一项重要的基本权利，不仅构成公民基本权利的基础，而且也是实现其他基本权利的必要手段，所以越来越为人们所正视和高度关注。

财产权的保护是人们愿意在相互平等的主体承认的基础上而形成的一种人与人之间的关系。"私法中的主角是这样一位法律主体：他（她）承担义务、享有权利，并被赋予了通过协议来解决自己同他人之间的纠纷的法定权利。"② 法律赋予主体以财产权利的同时就建构了一个法律上的主体概念，它更多的是一种抽象的人格概念。

---

① 王仰文. 私有财产权的行政法保护研究——以基本权力功能分析为视角 ［M］. 北京：人民出版社，2009.5.

② ［美］富勒. 法律的道德性 ［M］. 郑戈译. 北京：商务印书馆，2005.31.

"道德哲学与法理学都假设了一个自主自律的主体。"① 从行为的安排到行为的实施，再到对行为负责，它都体现了主体人格的独立。我们想象不到一个没有财产权的人以何种手段为自己决断，通过什么为自己的行为承担责任。同时，财产权的行使能让人有真正意义上的支配权，可以决定自己的生活，而不是通过奴役别人来安排自己的生活。因此，财产权的确立和保护实现的是一种文明的良善生活。

洛克把私有财产与自由、平等一同作为不可转让的自然权利，这在当时的资产阶级中产生了巨大的轰动，并被尊崇为主流观点，因为其在观念上否定了中世纪虚假伪善的平均主义说教，为资产阶级大胆、自由地追求个人财富提供了理论依据。自由主义认为"财产就是保障，就是消除自己有切肤之感的生存上的不安全"。自由主义所崇尚的是个人可以通过自身可以支配的安全手段——财产来实现自我保护。② 人的安全感体现为寻求财产的安全和内心的安宁，财产权的确立与享有会让个人的安全感更有保障。"有恒产则有恒心"的主体才会拥有更加确信自立生活的信念，减少对其他主体如国家的依赖和恳请。

保护个人自由与限制公权力的滥用，是私人财产权确立和保护的双重效能，它们彼此之间相互促进。人们拥有属于自己的财产，而且有一系列制度保障财产不被任意地剥夺，那么就可以安全无虑地行使自己的否决权，意见表达的自由才有了保障。财产权规范式的权威确立，保证了在法治政府下，对政府的挑战和批评不会因为担心政府剥夺财产而减少，从这个意义上来说，财产权的确立和保护是民主政治的必要基础。财产权是握在公民手中的对抗公权力的工具。英国哲学家洛克认为是否承认和保护私人财产权是用来判断权力是否是专制的标准。他指出："没有可以由自己处理的财产就会

---

① [美] 科斯塔斯·杜兹纳. 人权的终结 [M]. 郭春发译. 南京：江苏人民出版社，2002. 3.

② [美] 乔·萨托利. 民主新论 [M]. 冯克利，阎克文译. 北京：东方出版社：1998. 427.

受到专制的支配，反之才会有政治民主的存在。"①

（2）财产权的确立和保护是养老权实现的前提

社会经济权利是指宪法所保障的有关经济活动或经济利益的权利，是公民实现其他权利的物质上的保障。"社会经济权利"是一个复合概念，是经济权利与社会权利的统一。② 养老权是一项典型的社会权利，财产权属于一种经济权利，在财产权与养老权等社会权之间，就犹如一个永无休止的博弈之体会展开不停歇的永动。而在这种互为动力的运动中，不可否认的是，无论何时财产权都是实现养老权的前提。

养老权的实现以老年生活的物质保障为前提。收入中断或劳动能力丧失的老人都需要有以财产权为基础的补足和照料服务的购买。尽管有亲情的维系，但我们也发现，养老权的实现在家庭成员之间同样以家庭代际交换中的财产传递为基础。

财产权是个人生命得以实现的重要保证。马克思认为人权和财产权是紧密相关的。从人与物的关系视角看，财产不是单纯的物，而是"人类生命对象化活动的产物"，它既是人们劳动的对象，人类劳动借以外化的媒介；又是劳动的产物，是劳动的外化。③ 人与财产之间可以概括为目的与手段的关系，人的自我实现就是对财产积极扬弃的过程。财产是人类实现价值、保证生命的基础。从生命尊严不容践踏的角度，每个人都应该被赋予一定的财产。无论是通过劳动获得，还是通过其他合法途径获得的财产都应该被法律所保障。

在分析中国与西方国家公民权利实现的历史时间后，我们可以从下表中发现一种规律性的现象："人们的权利实现是参差不齐的。"受法律保护的权利主体的范围逐步扩展，权利种类的实现也出现了明显的增多。各国的立法实践同样体现了权利实现的"差序格局"。究其根本原因，郝铁川认为是社会经济发展不平衡所带来的人们拥有财富多寡的不同，"是重视差距的市场经济与重视平等的现代法治

---

① [英]洛克. 政府论（下）[M]. 叶启芳，瞿菊农译. 北京：商务印书馆，1964. 107.
② 许崇德. 宪法 [M]. 北京：中国人民大学出版社，1999. 174.
③ 刘敬鲁. 经济哲学导论 [M]. 北京：中国人民大学出版社，2003. 96.

相冲突的表现"①。

西方 10 国财产权、言论自由权和信仰自由权与退休金方面的社会权利实现序列

国家	受法庭保护的男子财产权	受宪法/法律保护的言论自由	受宪法/法律保护的信仰自由	退休金方面的社会权利
	开始年份	开始年份	开始年份	开始年份
丹麦	1788	1849	1849	1922
荷兰	1581	1581	1815	1909
瑞典	1695	1776	1809	1913
奥地利	1867	1945	1945	1927
法国	1815	1815	1815	1946
德国	1815	1949	1949	1889
瑞士	1648	1803	1803	1946
美国	1795	1795	1795	1935
日本	1879	1947	1947	1941
英国	1689	1795	1795	1925

资料来源：［美］托马斯·雅诺斯基. 公民与文明社会［M］. 柯雄译. 沈阳：辽宁教育出版社，2000. 248. 基于本课题研究需要对原表格有所删节。

　　但纵向分析权利的实现时间，我们可以发现对于权利主体而言更基本、更迫切获得的权利往往更早通过法律确立下来。正如罗尔斯在《正义论》一书中所强调的，自由平等原则和差异原则是社会正义的两大基本原则，前者保障了人的自由权利，后者则在自由权利的基础上维护社会的基本正义。罗尔斯坚称，如果要对这两个原则进行排序的话，"第一个原则优先于第二个原则"②。从财产权对生命权的保障和基础作用来看，没有财产权的其他权利都是空中楼阁。

----

　　① 郝铁川. 权利实现的差序格局［J］. 中国社会科学，2005（2）：112.
　　② ［美］罗尔斯. 正义论［M］. 何怀宏等译. 北京：中国社会科学出版社，2006. 61～62.

2.3.2　财产权与养老权一样是自然权利

（1）近代自然法思想中的原初权利：财产权

首先，在近代占西方主流的洛克财产权理论认为，财产权是一项每个人都应当享有的天赋人权。

自然法论者认为，在人定法之上还有一个永恒的理性之法，它是用以规约所有人定法和实在法的终极规则，其终极性则体现为自然法是符合基本人性、追求永恒正义权利的规则。人定法"只有以自然法为根据时才是公正的，它们的规定和解释必须以自然法为根据"①。自然法衍生出自然权利，自然法赋予人类个体天生的、不可剥夺的权利，而法律和政治制度只是用来保护这些权利。霍布斯与洛克都把自由当作是最重要的自然权利。洛克将自由理解为对于自己所有的物，包括财产和生命加以支配的自由。因此，洛克在《政府论》中用大量的篇幅论证财产权。财产权是一项原初的由自由权而自然形成的、天赋的"自然权利"。作为人权的一部分，财产权的自然权利观，还有一个由洛克所提出的极其有说服力的逻辑——财产权建立在人的劳动之基础上。"土地是财富之母，劳动是财富之父。"在人的劳动的增益性活动中，人享有对劳动成果的处置权。同时，财产权被认为是一项天赋人权，强调每一个人都有享有财产的权利，强调拥有财产的主体的普遍性和广泛性。此前，财产权是一项特权，财产权的主体有身份要求。依托于自然权利的自然正义，洛克做了对天赋人权的自然法思想推演出的平等享有财产权的逻辑论证。在万物都是属于部落群体共同所有的原始社会，当然不会有财产权利的概念，然而随着人与人之间财产的"你"、"我"之归属划分和财产独自占有意识的萌发，国家与法律渐渐产生，通过法律限制、保护财产权在特定主体间的流动。法律的践行日益容许私有财产的出现与流动本身并没有错，"但在具体情况下财产的正当性取决于个人怎样使用其财产"②，以及财产权利是否作为等级特权来看

①　[英]洛克. 政府论（下）[M]. 叶启芳，瞿菊农译. 北京：商务印书馆，1964.10.

②　[爱尔兰]J. M. 凯利. 西方法律思想简史 [M]. 王笑红译. 北京：法律出版社，2003.35.

待。在资产阶级革命阶段，以个人本位为出发点，以"法律面前人人平等"为基石，提出只把财产权当作特权来行使是不符合自然理性的人的天赋权利要求的，"财产权是神圣不可侵犯的权利"。从资产阶级革命开始，财产权利借助于天赋的自然权利的理论，而被所有人广泛、平等地享有，这也正是梅因所称的"从身份到契约的运动"。

洛克坚持认为，人们愿意受到束缚而"甘愿同已经或有意联合起来的其他人们一起加入社会，以互相保护他们的生命、特权和地产，即我根据一般的名称称之为财产的东西。因此，人们联合成国家和置身于政府之下的重大和主要的目的，是保护他们的财产"①。宪政史上最早的宪法性文件——1215 年的英国《大宪章》和 1628 年的《权利请愿书》，都是君主权利受到法律限制的体现，其中许多条文都与保护财产权有关。质言之，现代法治理念都是与自然法思想同源得出公民基本权利的国家受限结论的。财产权的先国家意义明确地道明作为自然权利的财产权理应得到国家的终极保护，否则政权的正当性就会岌岌可危。甚至霍布斯、配第还有洛克都认为政府存在的唯一目的就是保护财产权。财产权的体系的完善，对公民一律平等地保证财产权的实现是政权体系合法性的重要体现。财产权的确立和保护是一种生存条件的基本保障，所以在国家义务的确立以及国家本身成立的正当性问题上，财产权都是不得不考虑的首要问题。

其次，财产权是一种消极自由权、对世权。

生命、自由作为天赋的自然权利是毋庸置疑的。诺齐克认为："每个人都拥有对生命、自由的绝对权利。而个人权利是一个综合性的概念……当然我们也拥有对财产的绝对权利。"② 应当说财产权本身，实质上也是一种自由权。"财产权的合理性更多的是建立在财产

---

① ［英］洛克. 政府论（下）［M］. 叶启芳，瞿菊农译. 北京：商务印书馆，1964. 77.

② ［美］罗伯特·诺齐克. 无政府、国家与乌托邦［M］. 何怀宏译. 北京：中国社会科学出版社，1991. 39.

权与自由之间的必然联系上的。"① 霍布斯将自然状态描述为极其残酷的无序状态。但为了结束"一切人反对一切人的战争"的丛林法则下的自然状态，在自然法的导引下，每个人而不是一部分人，必须交出一部分权利，形成足以维护公共秩序的利维坦——国家。国家产生后，通过每个人的授权而形成了保障所有人生命、自由和财产的职权，因此每个人的自由就不再是绝对的自由，而是法律限制下与国家形成契约的受限自由。财产权是消极的自由，因为财产权本身就是自由权的重要体现。财产权的归属使得财产在人与人之间形成"你的"、"我的"和"他的"之分，并为权利的不受侵犯设下了明确的界限。作为对世权的财产权还强调每一个人有权享有财产权时，其他所有人都是义务主体，即不侵犯权利人所享有的权利。在权利归属明确的时候才能够让他人的财产免于干预，才能让权利的自我保障有明确的边界。人们以社会契约为宪章制度形成对自己天然享有的自由和无限权利的部分让渡，从而获得社会的自由和剩余自由的真正权利。② 此外，权利的利用所产生的任何财产利益都由财产权人支配，不受任何侵犯，义务主体只是消极地不去干预他人获得财产以及财产性收益。然而获得财产权的目的是实现生命的尊严和自由，消除人与人之间的奴役。

（2）自然法思想中的应有权利：养老权

首先，养老权从生命权出发，体现对生命最后阶段的人性关怀。

"自然权利的基础就是：每个人都尽可能地保护他的生命。"③养老权主张的是在人的老年阶段可以满足其基本的生活需求并保障其体面地度过这一阶级。"生命权概念的实际延展是通过对自由权的扩大解释来实现的。当对生命权这一传统所认为的自由权作扩大解释时，那些社会权的内容就被融于其中了。"④ 生命权从原初仅仅指生命不被随意剥夺的含义逐步地扩展为享受适当的条件，被赋予正

① 蒋永甫. 西方宪政视野中的财产权研究 [M]. 北京：中国社会科学出版社，2008. 110.

② ［法］卢梭. 社会契约论 [M]. 何兆武译. 北京：商务印书馆，1980. 9.

③ ［英］霍布斯. 论公民 [M]. 应星等译. 贵州：贵州人民出版社，2003. 9.

④ 郑贤君. 生命权的新概念 [J]. 首都师范大学学报（社会科学版），2006（5）：92.

常的能力资格，从而能够有尊严地活着的权利。人在老年阶段通常劳动能力降低，就业机会随着年龄的增加逐渐减少甚至不再可能就业，收入会因为劳动的终止而有丧失的危险；同时，老年人的生命质量在生命的后期阶段往往最难保障，健康问题、处理生活事务的能力都会同年轻人有差距。如何延续自己的生命，这当然是每一个公民都关心的问题，但在今天激烈而残酷的社会竞争、巨大的市场风险下，个人又完全或部分地不能避免在年老时无以为继，不能过基本的、有尊严的生活。这时社会和国家有责任保障他们的这一基本的生命权要求。因此从生命延续的角度、从风烛残年的生命更需要尊重的角度，我们认为养老权是对生命权重要的人性关怀。

其次，养老权从平等权出发，通过对老年人的特殊照顾，实现弱势人群的基本保障。

自然权利的核心价值是平等。平等地拥有权利，不论年龄和财富状况。在生命的初始阶段，人们都会对新生命抱有希望，无论是家庭、社会还是国家都会支出更多以保障生命的成长。但当生命延续到不能为社会做更多贡献的时候，常常会遭到家庭和社会的厌弃。这不是善待生命、更不是平等对待。另一方面，从人的生命周期来看，他往往在年轻的时候贡献更多，照顾别人更多，而在年老时受到别人的照顾会更多，这是在每个人的生命周期中都会存在的一般规律，所以平等对待任何年龄段的人，就是平等对待每一个人。

养老权是义务主体提供的确保所有成员都能平等地享受到的权益，它通过国家、社会提供的服务来减少或缓解老年生活的各种不确定性和各种风险，助推不幸者的生活，使其与幸运者在基本权利方面实现平等，包含社会权利的公民权利才能真正直接影响和修正社会不平等。

再次，养老权从人的禀赋有差等的现实出发，从弥补自由竞争的无节制性的角度，实质性的公平和基本保障对弱势老年人的生存权要着重考量。

罗尔斯的《正义论》中提到正义要通过差别原则来实现。差别对待就要识别出"最不利者"。他假设在一个秩序良好的社会里，最不利者是指拥有最低收入和财富的阶层。① 在自由竞争的社会里，我们不能否认即使是遵循市场公平的基本原则也会有一些因要素禀赋的差别而引起的竞争能力的差别，再加上竞争中的不可预测的信息所导致的竞争失败，这些都不能归咎于个人的问题。因此，如何在实质上实现公平就成为人们要去思考和追寻的问题。养老权的保障恰恰是对于弱势老年人基本生存权的考量，是在差别对待中尤为倾斜关注的特殊权利。实现养老权可以更好地实现社会公平。通过对养老权的尊重和保护，能够最大限度地减少两极分化，让贫穷的老者在人生的最后阶段有善终。通过财产转移支付，对富人财产的剥夺进行再分配，或供给老者相应的财产资源和实现养老权的能力。

最后，养老权是一种积极自由权。

相应地，国家作为消极自由的义务主体时，有着保障利益的分配，让每个人都有机会获得财产以实现生命和自由的义务。② 因此，即使是消极自由权的财产权，国家也不能是绝对消极的。有时财产权还在某种意义上被表述为"免于匮乏的自由"。根据美国学者派普斯的分析，"免于匮乏的自由"指的不是自由而是一种权利——获得由公众出资购买的生活必需品的权利，亦即取得不是由本人拥有的东西的权利。③ 在这一点上，财产权与养老权走得更为接近了。"社会保障"一词的英文是 Social Security，其中 security 源于拉丁语的 apart from care，即"不担心"或者"脱离担心"之意。④ 同理，养老保障也有一种免于担心年老，让老年生活安心、安全的意蕴。养老权一方面要求国家给予帮助，满足养老的基本需求；另一方面要求国家提供给他们更多的获取财产的能力，以通过自己的能力再去获得养老条件。进一步地，拉斐尔将权利分为两类，一类是行为权，另一类则为接受权。享有行为权是有资格去做某事，或用某种方式去做某事的权利。享有接受权则是有资格接受某物或以某种方式受

---

① John Rawls. *A Theory of Justice* [M]. Cambridge, Massachusetts：The Belknap Press of Harvard University Press，1999. 225.

② ［英］霍布斯. 利维坦 [M]. 黎思复，黎延弼译. 北京：商务印书馆，1985.

③ ［美］理查德·派普斯. 财产论 [M]. 蒋琳琦译. 北京：经济科学出版社，2003. 286～287.

④ 郭士征. 社会保障——基本理论与国际比较 [M]. 上海：上海财经大学出版社，1996. 15.

到对待的权利。① 当义务主体拒绝提供有资格获得的待遇，或义务主体不按需要的方式提供此等待遇的时候，接受权就受到了侵犯。

格雷认为："用权利束的概念替代财产的物的所有权概念的思想有一个最终的结论，即在法律和政治中财产权将不再是一个重要范畴。"② 当福利权也被视为一种新财产，导致了财产权更加依赖于国家，人们就不再满足于政府充当"守夜人"的角色，而是要求政府承担更多的责任。西方国家的这种个人权利与国家权力的"双向膨胀"是人们追求政府提供福利产品，又坚守自我权利保护的结果。这种"双向膨胀"还进一步说明，个人财产权与福利权的获得之间并不矛盾。

2.3.3　财产权与养老权关系的演化

自由拥有财产、支配财产是第一步。

近代资产阶级以天赋人权为普世出发点，通过君主立宪限制王权，打破经济特权和政治垄断，形成经济自由与财产自由。在与王权斗争的过程中坚决捍卫财产利益，最终实现了市民财产权不受任意侵夺的成果，经历数次、漫长的启蒙运动，并通过宪法确立了来之不易的重要的宪法公民权——财产权。财产自由成为经济自由的表征和先导，陆续发展了一系列经济自由和建立在经济自由基础之上的政治自由。

工业革命的机器隆隆声让时代的步伐加速度驶向生产力急剧发展的快车道，然而，资本主义的发展在崇尚市场，追求无限制的、绝对的财产权利的同时，却饱受自由竞争所引发的种种恶果。资本主义的高度集中形成垄断，经济自由发展所带来的滞胀和经济周期性问题，形成社会贫富分化加剧、社会矛盾深化等问题。

剥夺富人财产、实现穷人的基本利益是第二步。

正是面对资产阶级无可避免，又在资本主义自身体制内无法解决的问题时，马克思、恩格斯从社会发展的规律中批判当时的资本

---

① ［英］A. J. M. 米尔恩. 人的权利与人的多样性——人权哲学［M］. 夏勇等译. 北京：中国大百科全书出版社，1995. 112.

② ［英］托马斯·C. 格雷. 论财产权的解体［J］. 高新军译. 经济与社会体制比较，1994（5）：21~26.

主义，让阶级斗争在特定的时间如火如荼地在世界爆发。社会主义浪潮的冲击，让阶级对立甚至阶级冲突更为凸显，资产阶级不得不正视以绝对的财产自由为根源的社会矛盾如何得以解决，让整个社会回到正常的轨道，进入社会和谐、共赢发展的局面。

马克思主义勾画了经济公有制，描绘了没有剥削、没有压迫的美好未来，它让世界从经济权利或财产权利的个人中心主义，以及个人财产权利的绝对捍卫逐步地意识到财产权利的社会价值，以及公民基本保障权利等社会权利的重要意义。受马克思主义的启发，资本主义逐步进行社会改良，率先确立各种社会保障制度，实现公民基本的社会保障权。通过对绝对的财产权利进行限制，实现国民收入的再分配，为社会弱势群体的生存和发展提供基本的国家支持，更通过财产权的相对剥夺实现富人对穷人的帮助和救济。此时，滥觞于德国魏玛宪法时期[①]的"社会权"普遍流行于资本主义各国。所谓社会权利是"通过国家对经济社会的积极介入而保障的所有人的社会或经济生活的权利"[②]。

社会权利的出现是人类社会向着文明进步的标志。在这一阶段养老权的概念或理念随之诞生。在社会福利引发选民热捧、激励国家行政急剧膨胀相关职能的情况下，西方福利国家在从"摇篮到坟墓"的保障中突出了现代国家的意义。

让穷人都有能力靠自己累积财富实现基本权利是第三步。

然而，福利国家的重负很快就引来自由主义的抨击。在20世纪70年代的资本主义经济周期的滞胀阶段，不堪重负的财政制度已经为福利国家敲响了警钟。面临福利国家的危机，人们又重新忆起自由经济之优，转而鼓励经济自由，摒弃不去积极追求个人财富的"懒汉"做法，社会权利进一步紧缩。英国率先宣称建成福利国家，开始进行私有化运动。资本主义世界重又掀起自由市场之风，社会权利被限制在基本保障和基本人权的层面。而另一个重要的理论在此时以中和福利国家和自由主义的极端观点为人们所接受，它就是阿玛蒂亚·森的权利贫困理论，他认为贫困绝不仅仅是收入低下的

① 董和平，韩大元，李树忠. 宪法学 [M]. 北京：法律出版社，2000. 398.
② 林来樊. 从宪法规范到规范宪法：规范宪法学的一种前言 [M]. 北京：法律出版社，2001. 178.

外在表现。阿玛蒂亚·森将贫困概念进一步拓展成深层次的权利贫困和可行能力贫困，进而解释人类贫困和表象意义的收入低下问题。在分析贫困问题时他不局限于经济因素，更为广泛而深入地分析了政治、文化、制度因素，① 这是单纯的经济发展观向人与社会协同发展观的转变。以弱势群体通过增权赋能的方式获得自己累积财富的能力而实现保障，是森给出的另一条道路，从简单的增加收入到扩展人们的行动自由，获取更多的机会和选择权利，实现本质上对贫困问题的解决。

随着 2008 年新一轮的经济危机的袭击，社会保障权利的呼声再次日渐高涨，失业者、贫困者、疾病者在社会经济的艰难时期更加艰难。社会权利和财产权利之间一直在做着钟摆式的平衡运动，既避免矫枉过正，又在社会经济发展中实现动态平衡。因此可以说两者之间既冲突又相互依赖。

从财产权与作为社会权的养老权产生和发展的脉络中，我们可以看到公民的财产权的法律主要形成于 18 世纪，直至 20 世纪社会权利才得以产生，马歇尔把这种公民权利的演变看作既是公民权利的演进过程，也是公民权利内容完整的逐步完善。② 资本主义社会从对财产自由的崇尚走来，在个人财产权利神圣不可侵犯的观念中累积了个人财富的基础，在关照和实现以社会财富为基础的社会权利的同时，始终没有丢弃市场经济最基本的自由竞争以及对个体财产累积的激励措施。社会主义国家从建立之始就在经济制度上奉行公有制。"引入个体财产权机制并非要把公有制财产就地转化为私有财产。"③ 财产的公有制要求，与个体财产权激励机制的不断强化并不矛盾，个体对公有制财产的独立使用、支配可以更好地将公有财产得尽其用。

---

① 马新文. 阿玛蒂亚·森的权利贫困理论与方法述评 [J]. 国外社会科学, 2008 (2)：70.

② ［英］T. H. 马歇尔等. 公民身份与社会阶级 [M]. 郭忠华等编. 南京：江苏人民出版社, 2007. 24.

③ 钱明星，李富成. 公有制财产的物权法构造 [J]. 法商研究, 2002（5）：25.

2.4 财产权与养老权关系统一的论证

上文中我们大致梳理了财产权与作为社会权的养老权关系的起源、发展、紧张、统一的发展脉络，而在权利机理上是存在着深厚的理论基础的。可以作为很好的解释的两个理论，一个是发展变化的自由主义，另一个是阿玛蒂亚·森创立的权利贫困理论。

2.4.1 自由主义中的平等：以社会保障中的自由、平等价值为例

自由主义的自由与平等价值是自由主义随着社会发展而具有的含义，在重视平等或是重视自由的社会保障制度中，我们习惯了自由主义与自由的等意理解，往往忽视了自由主义内在的重要价值——平等。对自由主义内生价值的平等的论述和对自由实现的平等条件的阐述以及自由与平等的关联性在市场竞争中的区分，在正义层面的统一来说明自由主义中平等价值的确立由来已久，并生发出更丰富的内涵。

自由主义作为一种政治思潮和知识传统，作为一个在理论上和实践上与众不同的思想流派最早出现于 17 世纪，此后自由主义观念不断发展，在不同的文化中形成了不同的风格，其观念也有诸多的不同甚至冲突，这使自由主义获得了持久的生命力，同时也因其丰富的历史多样性而被误认为没有一致性。对此，笔者非常赞同约翰·格雷对自由主义传统中各种变体的共同之处的经典概括："它是个人主义的"，源于在个体与集体的诉求冲突中，个人优先性的道德判断；"它是平等主义的"，原因在于对个体之间无差别的道德地位的肯认；"它是普遍主义的"，体现在它反对人类种属的优劣谬论；"它是社会向善论"，因为坚信以此为指引的社会制度都可以进行改善和进步。① 显然，自由与平等是自由主义本身所具有的含义，以自由、平等为诉求的社会良善制度安排即为目标。在这种自由主义发

---

① ［英］约翰·格雷. 自由主义 ［M］. 曹海军，刘训练译. 长春：吉林人民出版社，2005. 2.

展中所生成的复杂多样性其实质可以在自由、平等中达致统一。

（1）自由主义本身要求平等

首先，平等是自由主义的内生价值。

自由主义是对宗教改革和宗教战争相伴的现代在早期产生的多样性的世界观这一境况的反映。① 在不可通约的价值判断、多元价值利益对立中，自由主义倡导的多样性理念奠定了自由主义的基础。正像约翰·格雷所说，自由的要义就在于相互对立、理性上的不可通约的世界观是共存的，并非是确立优先价值判断的。因此，各种价值理念的并存正说明自由主义的平等理念，而不是倡扬必然的服从和必要的割舍。

从个人自由的角度而言，个人自由与其说是一种消极的价值，即不受阻碍地满足欲望，不如说是每个人最高的目的。因为在斯宾诺莎看来，每个人维持生存的目的不仅仅是为了避免死亡，而是在世界中肯定自己。因此，每个人都试图自由地运用自己的能力，因为只有这样，他才能肯定自己与众不同的个性。② 既然自由主义强调每个人本身就是目的本身，而不是手段，那么，这种人本理念就当然承认每一个自然人的平等性。个性化的个人通过自身的努力实现各自价值的自由必须以每个人都有权利追求这种自由为前提，因此我们可以得出平等价值是自由主义的应有之义的结论。

其次，自由主义与社会契约具有紧密关联。

自由主义思想家的主要关注点，从国家层面来看，是如何使国家权力受到限制；换言之，就是如何使不同个人、群体和阶层的自由与政治秩序或政治强力相协调。其关键手段则是力图透过社会契约而使国家与前国家或国家状态相区分。③ 尽管不同的自由主义者的表述不尽相同，如霍布斯认为，人们通过契约把自己的全部权力交给了统治者，但由于统治者不是缔约一方，那么，统治者或国家的

---

① ［英］约翰·格雷. 自由主义 ［M］. 曹海军，刘训练译. 长春：吉林人民出版社，2005. 125.

② ［英］约翰·格雷. 自由主义 ［M］. 曹海军，刘训练译. 长春：吉林人民出版社，2005. 16.

③ 邓正来. 国家与社会：中国市民社会研究 ［M］. 北京：北京大学出版社，2008. 26.

权力就应该是无限的和不可限制的。① 洛克则认为，国家或政治社会是基于人们同意而建立的，是以个人的同意为依据的，② 人们通过社会契约赋予国家的并不是全部的自然权利，而只是其中的一部分，因此国家的权力是有限的。③ 但通过自然状态的假设和社会契约的订立而完成的公民自由权的保护论证得到相同的响应。同时对政府行为的限定为自由权的免遭侵害设定了人民与政府的契约前提。

社会契约的提出可以证明自由主义思想中关于平等订立契约的订约主体平等，同时作为对强大政府的一种有力限制。霍布斯的思想与自由主义的相似之处在于他毫不妥协的个人主义，同时还在于他对自然状态中所有人都拥有平等的自由这一平等主义的肯定。同时，潘恩在提出人民主权的思想时认为"权力是由人的各种天赋权利集合而成的"，因而人民是权力的源泉。政府即使是"在最好的情况下，也不过是一件免不了的祸害。在其最坏的情况下就成了不可容忍的祸害"④。当人们不可容忍时，则按照先前订立的契约推翻政府，这是正当并合理的。将国家与人民作为平等主体来看待的社会契约，无论是作为订约方还是履约方都再次表明了神秘、威权国家的消失。我们可以清晰地辨别出自由主义社会契约思想中的平等理念。

最后，自由本身内涵的丰富性包含平等因素。

近代经济自由主义从反封建制度之始，或者说是在激烈的反封建的历程中，以每个人有机会表达独立见解为引导，作为核心价值的自由就是打破国家权力无所不及的政治专制的利器。人类的最初环境"要求他为自己的福利牺牲别人的福利"；而现在的环境则要求"每一个人只应有这样的欲望：它们可以得到完全的满足，而不剥夺其他个人获得同样满足的能力"。遵循同等自由法则的冲动将与同情

---

① ［英］霍布斯. 利维坦［M］. 黎思复，黎廷弼译. 北京：商务印书馆，1985. 133～134.

② ［英］洛克. 政府论（下）［M］. 叶启芳，瞿菊农译. 北京：商务印书馆，1964. 72.

③ ［英］洛克. 政府论（下）［M］. 叶启芳，瞿菊农译. 北京：商务印书馆，1964. 70.

④ ［英］托马斯·潘恩. 潘恩选集［M］. 马清槐等译. 北京：商务印书馆，1981. 3、143.

心和个人权利本能的力量相称。① 自由本身的内涵是丰富的，这一同等自由原则所强调的这种平等并不是结果平等或平均主义，它是在社会利益分配不同的现实和社会群体对自己的合法权益有所诉求的前提下，② 主张人们有理由以不同的方式生活。不同的生活方式体现了人类之善各种不一致的方面。没有哪一种生活可以完全符合人类之善所包含的各种对立价值观念。自由主义所包含的价值多元主义断言双方都可以是正确的。③

自由主义的平等观是承认人与人之间在自主地生活的程度上存在着明显差异的。因为遗传和环境因素使他们在性情、天赋、智力、教育、培养、财富、健康、机会等方面存在差异。强调自主的能力是"人所共有的普遍的和道德上重要的方面"④。自由主义的立场体现为对多样性的宽容，但并不容忍对等级制的承认，而宽容本身恰恰是以追求平等为前提的。

自由的含义中包含有独立、自主的个体意识，本身包含平等。依据胡锦光教授主编的《宪法学原理与案例教程》一书的观点，社会保障权利的性质是"免于匮乏的自由"，而传统的自由权是"免于束缚的自由"，⑤ 在争取免于匮乏的自由的时候，自主个体的自主、自决都要求非服从下的独立个体的平等存在和承认这种存在的制度环境。

此外，谁都不能否认这样一个事实，那就是追求平等价值的福利国家是在倡导自由价值的私有制和利润驱动的市场经济的架构之内产生并运行的。从自由的内生性来看，平等是自由价值自身的应有之义。自由价值追求的自然发展为对平等价值的考量，但平等价值的追求并不会损害自由，正如"还没有证据表明经济增长与经济

---

① ［英］赫伯特·斯宾塞. 社会静力学［M］. 张雄武译. 北京：商务印书馆，1996. 53.

② 孙立平. 博弈［M］. 北京：社会科学文献出版社，2006. 56.

③ ［英］约翰·格雷. 自由主义的两张面孔［M］. 顾爱彬，李瑞华译. 南京：江苏人民出版社，2002. 6~7.

④ ［美］约翰·凯克斯. 反对自由主义［M］. 应奇译. 南京：江苏人民出版社，2005. 127.

⑤ 胡锦光. 宪法学原理与案例教程［M］. 北京：中国人民大学出版社，2006. 287.

效率会由于实行维持高就业率与社会开支的政策而受到影响"① 一样，自由与平等并不会相互排斥或相互损害，而是紧密地相连。

（2）自由要通过平等来实现

首先，自由与尊严是统一的。

按照古典自由主义思想家的观点，承诺个人自由即表明对私有财产和自由市场的赞同。个人的基本自由相当重要，对于私有财产制度的有力捍卫是直接构成个人自由的必要条件。同样地，在一个复杂的商品社会中，自由市场成为人们自愿选取的一种协调经济活动的重要的非强制性手段。从这一思想中，我们看到自由主义对于人们享有基本财产和参与经济活动获得财产的重视。因为财产权的价值不仅仅是物质上的，它为人们有尊严地生活和选择提供了必备的条件。

自由最深刻本质的内涵是对人的价值尊严与基本生活的确认和保障。能够有尊严地生活是实现自由的最重要、最关键的要素。因此"国家的经济作用不是为挂该国国旗的公司增加盈利率，不是为它的公民扩大在世界拥有的财富，而是通过提高公民为世界经济所做贡献的价值来提高他们的生活水平"②。而自由的价值在于把维护自己利益和尊严的要求转化为一种制度化的力量。在尊严要素被考量并被放进制度化内容时，考量尊严的权利观念被提出，"在社会政治领域，民之所本者，乃是民权"，"唯有享有权利，才能拥有尊严并有力量"③。它要求每个人都能够有满足合乎人性尊严的基本生存条件的可能。

自由主义发展的过程中遇到无法抵御的社会风险，使社会成员非因个人原因而丧失基本的生存能力，进而衣食无着，必然引起自立自决意识的丧失，必然会对自由实现的条件发出挑战。弱者享有行使自由权利的基本条件（不再是抽象的存在，而是落实的自由）需要国家积极介入，而不是仅仅做消极的"守夜人"，同时它意味着

---

① ［加］R·米什拉. 资本主义社会的福利国家［M］. 郑秉文译. 北京：法律出版社，2003.101.

② ［美］赖克. 国家的作用［M］. 东方编译所编译. 上海：上海译文出版社，1994.304.

③ 夏勇. 中国民权哲学［M］. 北京：生活·读书·新知三联书店，2004.51.

对平等的保障，对弱势群体的特别保护。对弱势群体地位的矫正行为是一种特别保护，但实质上是一种平等保护。同时我们会注意到对弱者的不公平，对强者也极为不利，对整个社会的持续、稳定、健康发展也极为有害。强者只有在社会共同（整体）进步越大时才会受益越大。这才是强者与弱者的共赢。

其次，个人自由需要在社会内实现。

基本自由权体系的内容不是一成不变的，它体现了在特定的历史环境中，人们通过自身思想和行动的改变而发生的变化。个人自由与社会之间的联系是一个自明的命题。作为自由实现的条件，个人自由不能脱离其所处的社会。1998 年联合国大会第 53 届会议第 144 号决议通过的《个人、群体和社会机构在促进和保护普遍公认的人权和基本自由方面的权利和义务宣言》对于个人、群体和社会机构在人权保障方面的义务和责任作了充分宣示，该宣言在第 18 条表明，人人对社会并在社会内负有义务，因为只有在社会之内人的个性才能得到自由和充分的发展。

每个人的自由受所有人的同样自由的限制，这是斯宾塞所认为的第一要素，① 社会能够组织起来的规则在于每个人的自由受到其他所有人同样自由的限制。② 同等自由原则必然导致自由受限，个人自由的实现注定不再是自我追求的单向主张，在个人组成的社会有机体内，个人自由已经由于彼此之间千丝万缕的联系交织成一个具有不同自由主张的竞争性、同质性、一致性等特征的多方位的网状结构。格雷说自由主义总是有两张面孔，"从一方面看，宽容是对一种理想生活形式的追求。从另一方面看，它是寻求不同生活方式之间实现和平的条件"③。

黑格尔认为，现代世界早就创造了古代世界所不知道的市场，奇妙的是在市场上，人们各自都关心自己的利益得失，但其结果却

---

① 斯宾塞还认为，假如同等自由这一法则是人与人之间正确关系的首要法则，那么，就没有任何实现一项次要法则的愿望能使我们有理由去破坏它。

② ［英］赫伯特·斯宾塞. 社会静力学 [M]. 张雄武译. 北京：商务印书馆，1996.41~42.

③ ［英］约翰·格雷. 自由主义的两张面孔 [M]. 顾爱彬，李瑞华译. 南京：江苏人民出版社，2002.2.

意外而必然地满足了彼此相互的需求，由此便产生了一种新的社会纽带。① 互助运动重新认识到自主个体的活动和共同解决问题的乐趣和吸引力。② 个人自由在社会中才能实现的解说更进一步地证明：追求、实现个人自由价值的同时不能忽视其他个人的平等自由，更不能贬低、压制其他人的价值追求。正视对立自由、对立义务之调和，才能完成从个体到社会的自由之实现。

再次，自由发展权要求平等。

自由本身所包含的自由发展权，要求所有人在获得基本资源、教育、保健服务、粮食、住房、就业、收入等方面机会均等。正如斯宾塞在讲到美德与贫穷的悖论时指出的那样："假如你被剥夺了现在鼓励你的一切希望；假如你没有比每周收入 10 个先令的多塞特郡农场的仆役，或永远生活在窘困中的织袜工人，或经常失业的磨坊工人有更好的前景，你的谨慎和自我节制又会跑到哪里去呢?"③ 应该为贫穷的人们设身处地去想想怎样改变。资源稀缺引发的优胜劣汰机制的自然法则缺少人性关怀。与富裕自然相连的有教养，与贫穷自然相关的悲惨生活使得贫穷代代相传中丧失了一切生活的乐趣与追求，没有希望、也没有机会去改变是个人最痛苦之处也是社会进步的巨大障碍。由于公民在实现自由时不仅需要及时排除非法侵害，而且有权要求国家提供现实的条件，这就否定了自由实现过程中的国家的绝对不干涉主义。它表明，对于自由的实现，唯有国家积极参与，他们才能顺利实现，尤其在亟待解决发展权问题的弱势群体中，作为更需要被关注的群体，他们只有享有发展权才真正享有对自由的追求。

（3）自由与平等的均衡统一于正义

罗尔斯将正义视为社会制度的首要价值④，根据其对正义的定

---

① 转引自邓正来. 国家与社会：中国市民社会研究［M］. 北京：北京大学出版社，2008.32.

② ［德］弗兰茨－克萨韦尔·考夫曼. 社会福利国家面临的挑战［M］. 王学东译. 北京：商务印书馆，2004.92.

③ ［英］赫伯特·斯宾塞. 社会静力学［M］. 张雄武译. 北京：商务印书馆，1996.127.

④ ［美］罗尔斯. 正义论［M］. 何怀宏等译. 北京：中国社会科学出版社，1988.1.

义，公正是一种"在平衡中考虑的道德判断"，其本质含义是"均衡与合理"。自由主义中所包含的自由与平等价值恰好实现了这一均衡合理。自由主义也同样强调每个人都拥有一种基于正义的不可侵犯性，这种不可侵犯性即使以"社会整体利益之名也不能逾越"。因此，正义坚决地不认同为了一些人获得更大利益而剥夺另一些人的自由是正当的，不承认多数人享有的较大利益能"绰绰有余"地补偿少数人不情愿的牺牲。在一个正义的社会里，平等的公民自由是确定不移的，由正义所保障的权利绝不受制于"政治交易或社会利益的权衡"①。

不可妥协的自由价值，又怎样才能如哈耶克所说，我们必须证明劫掠富人的累进税制符合正义观念，是真正的法律，而不仅仅是"人为设计、非行动的法律"？也许我们唯有求助于平等了。在休谟的《人性论》和《道德原则研究》这两本书中，他都坚持认为"正义只是源于人的自私和有限的慷慨，以及自然为满足人类需求所准备的稀少的供应"②。因为正义的主要问题是供应短缺的东西的分配。所谓的"社会正义"或"社会公平"，意在强调每一个人在社会生活与经济秩序中，应享有同等之机会，然后通过自己的努力，获致相当的经济收入与社会地位。③ 只有这样，富人和穷人才能和平相处，形成自生自发的社会秩序。④ 古德曼、盖尔斯顿人也强调了自由主义理念在追求个人权利的优先性的同时，要坚持和维护社会公益。⑤ 社会正义是在社会范围内，通过机会平等而达成的。自由主义平等派和自由派所拥有的共同之处较它们的分歧点更根本。⑥ 但是我

① ［美］罗尔斯. 正义论［M］. 何怀宏等译. 北京：中国社会科学出版社，1988. 20.

② ［英］布莱恩·巴里. 自由主义正义诸理论［M］. 孙晓春，曹海军译. 长春：吉林人民出版社，2004. 196.

③ ［英］哈耶克. 邓正来选译哈耶克论文集［M］. 邓正来译. 北京：首都经济贸易大学出版社，2001. 142.

④ ［英］哈耶克. 邓正来选译哈耶克论文集［M］. 邓正来译. 北京：首都经济贸易大学出版社，2001. 36.

⑤ Gutmann A. Democracy and Democratic Education［J］. *Studies in Philosophy and Education*，1993（1）：1-9.

⑥ ［英］约翰·格雷. 自由主义的两张面孔［M］. 顾爱彬，李瑞华译. 南京：江苏人民出版社，2002. 22.

们必须看到，相较于以自由优先为宗旨的自由主义而言，以平等为核心的自由主义更能够体现自由主义的精神内核。关于自由或平等的正义原则并不能让人逃脱价值冲突，以笔者拙见，也许它们就应该平等地统合于正义原则之下。

2.4.2　森的权利贫困理论要求公民获得应有的权利以实现发展：进一步印证财产权与养老权的统一

森指出财产权（所有权）的建立和递推适用构成解释人们合法地拥有基本权利的关系链的每一环节。[①] 他同时认为在市场经济中，公认的权利体系包括四个方面的内容：①以贸易为基础的权利（trade-based entitlement）：可以其拥有的财产通过自由交换而获取其他财产。②以生产为基础的权利（production-based entitlement）：有权拥有通过劳动在自己的资源，或其他人的资源上生产出来的东西。③自己劳动的权利（own-labour entitlement）：有权拥有自己的劳动能力。④继承和转移（inheritance and transfer entitlement）：有权拥有他人自愿赠予他的东西。[②] 在四项权利中，对于一个老年人而言，劳动能力的衰退甚至丧失使得劳动的权利和生产的权利都无法真正享有，进而收入减少，剩下的即为贸易的权利和类似于继承地接受他人财产的合法转移的权利。它可以体现为对于自己所拥有的财产的交易，如土地权利的市场交换而获得货币或其他财产性利益，以及在家庭成员间进行的财产转移而获取财产利益。

贫困不单纯是一种供给不足，还是权利不足。[③] 森的贫困理论旨在强调赋予人民以应有的权利，确立人与社会的自由发展观，寻求经济的正义之道。

在当代社会存在着"繁荣型饥荒"，即虽然经济发展、市场繁荣，但仍然不能带来社会的整体富裕。因此森认为贫困的根源来源

---

① ［印度］阿马蒂亚·森. 贫困与饥荒［M］. 王宇，王文玉译，北京：商务印书馆，2001. 6.

② ［印度］阿马蒂亚·森. 贫困与饥荒［M］. 王宇，王文玉译，北京：商务印书馆，2001. 7.

③ ［印度］阿玛蒂亚·森，让·德雷兹. 饥饿与公共行为［M］. 苏雷译. 北京：社会科学文献出版社，2006. 24.

于权利和能力的被剥夺。权利是一个体系，比如对食物的获取和控制就可以体现为包括生产权、交换权、支配权、市场交易相关权等权利内容。当不能满足食物供给的基本需求时，贫困者不是表面看起来的食物供给不足，更重要的深层次原因是他们在上述提到的权利体系中有明显的权利供给不足。权利不足、能力不足的原因又被认为是公共行为的保障不利。

森在《以自由看待发展》中提出的核心概念即为"可行能力"（capability），是指"人有可能实现的、各种可能的功能性组合。可行能力因此是一种自由，是实现各种可能的功能性活动组合的实质自由"①。一个人有选择珍视生活的实质自由，"发展便是个人可行能力集的扩展，即增加个人参与经济、政治、社会活动的能力"。这种能动参与并获取的自由与被动等待、消极不作为的路径差异正是人之为人被尊重、被重视与否的区别。简言之，可行能力的缺乏是因为机会权利的阙如。一方面为农民养老者提供基础的财产权利是老年农民摆脱贫困实现养老权的积极路径选择；另一方面，养老者自身能力贫困被解决的同时会减少社会、国家的农民养老负担。在目前的养老等社会保障制度城乡二元制度格局中可以更好地保障农民的养老权。

农民在年老时无力耕种，通过务农等重体力劳动获取老年生活的保障是不现实、也不人性的。但可以依赖政府帮助为其提供力所能及的劳动机会，还可以通过资产建设来提高他们的"可行能力"。美国经济学家迈克尔·谢若登提出的社会保障政策从生活资料保障转变为资产建设的理论可以为我们寻找"可行能力"的提升路径以启发。他指出收入只能维持消费，而资产则能够改变人们的思维和互动方式。每个人应该拥有平等的资产积累的权利。② 从资产建设的主体看，它更是政府责任的体现，它要求政府有组织地引导和帮助弱者进行资产积累，而非简单地增加收入。

在今天这个提倡公共社会保障供给的时代，政府更重要的任务

---

① ［印度］阿马蒂亚·森. 以自由看待发展［M］. 任颐，于真译. 北京：中国人民大学出版社，2002.2.

② ［美］迈克尔·谢诺登. 穷人与资产：一项新的美国福利政策［M］. 高鉴国，展敏译. 北京：商务印书馆，2007.85.

是如何保障公民权利的完整和实现权能的能力补足。养老保障要保护老年人的生活有基本的生存保障，但更重要的政府职能应该是通过促进老年人在年龄增长、身体机能衰减的同时维持其权利、能力，通过促进老年人权利的维护而更加积极地承载养老功能。因此，养老权成为一种权利而不是恩赐和国家的倾斜性照顾。进言之，养老权利的保障是通过老年人其他相关权利，尤其是经济权利的促进、保障而实现的，这种实现养老权利的方式具有更深刻的社会意义，让老年人可以更有尊严地生活。因此森的理论被认为"在重大经济学问题讨论中重建了伦理层面"[①]。

森的理论与自由主义的发展不谋而合，认同自由却不强调自由至上。虽然自由主义所倡扬的经济自由包括财产权不被侵犯、拥有契约自由等，可以保障人权、实现法治，并被几乎所有的市场经济国家所认可，并仍然占有重要的优势地位。但是森主张在自由权之余还要考虑人们实际拥有的福利。森的以自由权为基础的权利体系理论所阐发的贫困根源问题，既能够顾及功利主义对自由之外的福利的在意，又能充分考量自由主义对选择与行动自由的关注。[②] 在森看来，权利方法与社会伦理、哲学维度的统一关切，让社会底层的生活状况尤其得到重视，而且还必须关注收入之外的他们自身的生命状况。因此森提出，自由不能不计后果，还要考虑基本福利保障。

---

① ［印度］阿玛蒂亚·森. 以自由看待发展 ［M］. 任赜，于真译. 北京：中国人民大学出版社，2002.2（译者序）.
② ［印度］阿玛蒂亚·森. 以自由看待发展 ［M］. 任赜，于真译，北京：中国人民大学出版社，2002.47~71.

3   土地财产权的变化与农民养老权的实现

　　土地被作为一种财产，是源于人类社会最初的漫长生产劳动史都是将土地作为重要的生产性财产的。土地之所以被人们格外重视，成为一种无比重要的财产，是因为土地之上几乎能生长出所有其他的财产。人们视土地为财富之源，耕种技术和交通的受限让人们对土地的享有有了地域的概念，疆界划分又进一步让土地财产权利的边界有了地理概念之外的权利概念。财产权的确立要从私有制确立开始追溯。而从私有制的产生来看，原始社会后期的游牧部落和定居部落的农业与畜牧业都涉及将牲畜作为私有财产的问题，因此，对"动产"的重视和需要是人们对财产产生概念的初始。"作为与占有和使用临时性权利（temporary rights）相区别的所有权起初是在动产中所需要的。"① 随着定居农业成为人们选择的普遍的劳作方式，对土地的利用变得更加稳定和频繁了以后，人们才渐渐认识到土地——这种不动产的重要性。② 至此，私有制的诞生才出现了契机。"动产的家庭化是天然的，真正意义上的私有财产主要体现为土地私有化"。③ 古代西方社会的财产权利形态主要表现为：家庭、亲（同）族、村落等团体形态的"所有权"，而不是个体形态的"所有权"。④ 在封建社会中土地私有制成为普遍的土地制度，土地归地主所有，农民只能在不属于自己所有的土地上耕种。

　　但在封建社会，土地作为私有财产的确立并非是通例。在中世

---

　　① Richard Schlatter, *Private Property*: *The History of an Idea* [M]. London: George Allen & Unwin Ltd., 1951. 166.

　　② 彭诚信. 主体性与私权制度研究：以财产、契约的历史考察为基础 [M]. 北京：中国人民大学出版社，2005. 57.

　　③ 蒋永甫. 西方宪政视野中的财产权研究 [M]. 北京：中国社会科学出版社，2008. 33.

　　④ 蒋永甫. 西方宪政视野中的财产权研究 [M]. 北京：中国社会科学出版社，2008. 57.

纪的欧洲，土地财产制度极为复杂，不能被看成是简单的土地私有制。在欧洲中世纪的农业社会，商品流通并不发达，"土地是生活的唯一来源，是构成财富的唯一条件"①。所有人都要直接或间接地依赖土地的产出物为生。因此，土地及土地上的构筑物作为重要的财产起到了动产所不能比拟的重要地位。财产与公民权利的结合是资产阶级革命以后的事情，当然在完成"羊吃人"的原始资本积累以后，人们对土地财产的重视愈加明确了。土地财产的资本特性也逐步显现出来，财产权利的界定更加注重平等和商品流通中的保护。土地财产权利被当成重要的私有权利、"天赋权利"的财产权利而加以保护。然而，我国民法通则使用的"财产所有权和与财产所有权有关的财产权"的概念中"与财产所有权有关的财产权"是指在所有权的权能与所有权分离的基础上产生的。而土地承包经营权就属于一种土地财产权。土地承包经营权不只是一种土地使用权，更确切地说，是一种土地财产权，它不仅包括占有权、使用权、收益权，而且还享有转让、出租、作价入股，甚至是抵押等可以合法处置的权利。2003 年实施的《农村土地承包法》在维持稳定的承包关系的同时，以法律形式赋予农民有保障的农村土地使用权。该部法律为农村土地承包经营权的物权化确立了基本的法律安排。《农村土地承包法》通过对家庭承包经营权的初始资格的确定，强化了其作为集体经济组织成员的"身份权"是承包经营权的资格基础。经济组织的成员权是承包经营权取得的基础权利，这部分权利内容是基于成员资格的取得而产生的对成员保障、成员内容的理解；成员福利、成员生活基础的基本保障，这部分内容是针对农民基础权益的基本保障而对其基本生活的制度安排，从某种意义上来说是针对农民福利的国家承诺的兑现。

新中国成立之初，农民被赋予土地私有权。以 1950 年颁布的《土地改革法》为依据，在全国范围内通过推进农地改革，实现了农民个人拥有土地的所有权。1954 年中华人民共和国的第一部宪法则明确规定"国家依照法律保护农民的土地所有权和其他生产资料所

---

① ［比］亨利·皮朗. 中世纪欧洲经济社会史［M］. 乐文译. 上海：上海人民出版社，2001.6.

有权"。这是农民土地私有权在历史上第一次得到国家宪法这一最高效力法律的确认。但是，新政府在经济基础上还很薄弱，面对当时的国民经济基础，国家制定了发展工业的基本方略。由于农业在这样一个战略性发展方针下处于从属地位，又伴生着革命成功后的政治热情向生产热情的转化，国家当时的政治动员能力也很强大，所以20世纪50年代初期，我国就开始了农村合作化生产。在生产合作化的社会主义道路和社会主义重新正视经济体制问题的制度变迁中，土地财产权制度受到影响，呈现了个人土地财产权从相对完整到逐步弱化再到个体财产权日益受到重视，权能主体从农民个人，变成集体与个人并存，再演变为集体，直至今天强化个人使用权的一系列变化。土地制度改革的这段历史是一幅围绕土地财产权而展开的制度变迁的生动画面，其间曲折的财产权变化，随土地制度更迭展现出不同的时代意蕴，也随之形成了农民养老权的不同实现方式。

3.1 农民土地财产权的弱化：农民养老权的自力实现

3.1.1 农民土地财产权的弱化：以粮为纲，以农促工

（1）从农民土地私有制到合作化生产

1949年新中国的成立面临着重新发展经济的诸多问题，但当时我国作为地道的农业大国，农业是应首先恢复发展的基础产业。据统计，当时农业经济占整个国民经济比重的88%～90%。1949年9月29日中国人民政治协商会议第一届全体会议通过的《中国人民政治协商会议共同纲领》（以下简称《共同纲领》）是新中国第一部宪法性文件。中国共产党在《共同纲领》的第三条中明确规定："中华人民共和国必须取消帝国主义国家在中国的一切特权，没收官僚资本归人民的国家所有，有步骤地将封建半封建的土地所有制改变为农民的土地所有制……"第二十七条规定："……凡已实行土地改革的地区，必须保护农民已得土地的所有权。凡尚未实行土地改革的地区，必须发动农民群众，建立农民团体，经过清除土匪恶霸、

减租减息和分配土地等项步骤，实现耕者有其田。"① 1950 年制定了
《土地改革法》在全国范围内展开土地改革运动。农民获得期盼已久
的土地，农民土地个人所有制得到国家明确的认可和宣示。但在政
治形态的强烈影响下，土地的农民私有制只能是短暂的和有限度的
时代过渡性产物。《共同纲领》在确立农民土地所有制的同时，就为
未来的土地制度变革埋下了伏笔，《共同纲领》的第二十八条规定：
"国营经济为社会主义性质的经济。凡属有关国家经济命脉和足以操
纵国民生计的事业，均应由国家统一经营。凡属国有的资源和企业，
均为全体人民的公共财产……"第二十九条规定："合作社经济为半
社会主义性质的经济，为整个人民经济的一个重要组成部分……"
因此，从《共同纲领》最初确立农民土地私有制开始，这种土地私
有制就具有不完全性和过渡性特征。文件第三十四条还规定："在一
切已彻底实现土地改革的地区，人民政府应组织农民及一切可以从
事农业的劳动力以发展农业生产及其副业为中心任务，并应引导农
民逐步地按照自愿和互利的原则，组织各种形式的劳动互助和生产
合作……"通过农业生产互助的各种形式改造农业中的私有制是政
策制定之初就确立的长远谋划。但过渡政策的制定是有着当时历史
条件限制的，1950 年确保土地私有的意义在当时也是不可小觑的。
据新华社 1950 年 3 月的一篇报道：经过土地改革以后，华北各地不
少农民和农村干部害怕发展生产，认为生产好了，富裕了，就是
"冒了尖"，就会 "招风"，就会被 "斗争"。华北政府采取各种办
法，如通过各界人民代表大会大力宣传政策，并发布保护地权财权
的具体规定，克服一部分农民群众和农村干部对于发展生产的各种
思想顾虑，提倡劳动发家、生产致富。对地权财权的保护是让农民
安心生产、调动农民生产积极性的重要措施，更是展现新政府的权
威、体现新政府政策鲜明立场的必要手段。

　　进而，在社会主义形态的强烈政治诉求的冲击下，农业的合作
化生产已然成了消灭剥削后的农业生产的绝佳选择形式。毛泽东更
是主张 "发展合作运动时限制农村中的资本主义和增加农业生产的

---

① 　中国人民政治协商会议共同纲领 [M]．北京：人民出版社，1952. 2 ~ 3、10.

主要办法"①。随后 1951 年 9 月召开全国第一次互助合作会议，会议把发展互助合作运动作为党在农村工作的中心。1952 年底，中共中央提出了过渡时期的总路线，逐步实现国家的社会主义工业化，并逐步实现国家对农业、手工业和资本主义工商业的社会主义改造。国家工业化路线的基础和关键即为农业的社会主义改造。1954 年第一届全国人民代表大会第一次会议通过新中国第一部宪法《中华人民共和国宪法》（以下简称《五四宪法》），一方面再次确认了《共同纲领》的农地私有制，另一方面更加明确地提出了合作社的集体所有制问题。《五四宪法》的第七条规定："合作社经济是劳动群众集体所有制的社会主义经济，或者劳动群众部分集体所有制的半社会主义经济……国家保护合作社的财产，鼓励、指导和帮助合作社经济的发展，并且以发展生产合作为改造个体农业和个体手工业的主要道路。"《五四宪法》中"对农民、手工业者等个体劳动者及资本家生产资料所有权承认和保护条款的顺序和语气由柔和到严肃的转变，不仅暗示所有权权利按着所有制而有等级差别，而且暗示这种等级标准背后的意识形态将以消除个体劳动者所有制和资本家所有制为目标"②。显然，经过《共同纲领》和《五四宪法》，更为明确的所有制改革问题得到了政治承认，尽管政权确立初期有公有制、私有制并存的状况，但所有制改革的必然性和所有制改革的清晰路径已然为任何形式的"私有制"的长久存在确立了政治不容许的基本态度。50 年代初期的一系列强制性土地制度变迁，让本是农民作为私人产权主体的私行为掺进了一些国家意志和政治因素。③

（2）以粮为纲、以农促工的农业工具性地位

1949 年新政权刚刚成立，国内战争还没有结束，经历了常年的战争损耗，人们对粮食的需求和对粮食生产的看重是和平年代无法想象的。"手中有粮，心中不慌"仍然是全社会的普遍共识。直至 50 年代初，人们抵御自然风险、满足"吃饱饭"的基本生活需求还是被提到重要地位，粮食生产被视作农业工作甚至是经济建设工作

---

① 农业集体化重要文件汇编（上）[M]．北京：中央党校出版社，1957．206．

② 薛小建．宪法中土地制度之比较研究 [J]．法律适用，2007（12）：79．

③ 张静．新中国成立初期乡村地权交易中的农户行为分析 [J]．中国经济史研究，2012（2）：139．

的重点。1950年2月27日，中央人民政府政务院发布农业部《关于农业生产方针及粮棉增产计划的指示》，确定1950年农业的生产方针是以恢复为主，生产中心是增产粮棉。从1949年10月3日《人民日报》对当时中共中央山东分局发出《关于加强农村工作的决定》的报道可以看到农业在粮食生产方面的一个普遍性问题。决定指出："现阶段山东经济建设的首要任务是恢复和发展农业生产，改善农民生活，大力救灾备荒，以便克服灾患，支援全国战争。并为发展工业打下强有力的基础。"1949年底中央人民政府财政部召开的粮食会议在核算1950年的粮食调度计划时，提到保障军政需要外，尚有调剂民食之用的粮食。这个艰巨的工作可以通过减少外国粮食的进口到最低限度，以还击当时很多资本主义阵营国家的封锁，并能够在对外贸易上形成较为有利的形势。1950年底，由于美国扩大侵略战争，巩固国防成为首要任务。在中央财政吃紧、对外抵御侵略的情况下，促进农业生产发展成为紧迫的任务。可见，粮食生产对当时的民生、国家的发展是何其关键。政府干预粮食生产是当时解决危困的必要且有效的手段。

发展农业生产互助合作是农业增产的主要途径，在一切"以粮为纲"的指引下，利用生产互助形式的农业生产合作社是提高粮食产量的优选措施。此外，国家还通过建立国家粮食市场辅助国家的粮食供应工作。统购统销的粮食生产供应政策是国家把粮食安全放在重要地位所提出的一项既能较好地调度粮食生产供应，又能调动农民生产积极性的举措。[1] 稳定粮食生产安全的同时粮食市场价格也被抑制了，农业生产也从某种程度上变成了依附于国家的一种生产行为。农业的工具性价值在国家对农业调度、粮食安全保障的作用中突显，但农民的生活质量也在实际的负担公粮的过程中大受影响。

在1949年新中国成立以后，全国经济建设推行的主要是工业化政策。经历了第二次世界大战后，各国的国家实力竞争都是以工业

---

① "为把统购统销政策贯彻得更好些，中央还采取了'三定'措施。所谓的'三定'是陈云同志提出的政府应该逐步地和农民成立协定，和农民成立协定的基础就是关于粮食的定产、定购、定销的政策和办法。规定粮食年度征收和收购粮食的数字，并宣布这个数字三年不变。"参见李德彬等. 新中国农村经济纪事（1949.10—1984.9）［M］. 北京：北京大学出版社，1989.

化是否发达，以及以工业化为基础的国防实力是否强大为标准的。
然而，当时中国是个地地道道的农业国，90%的人口是农民，[①] 国民
生产总值的80%以上也是由农业创造的。1950年底，由于美国扩大
侵略战争，外部形势严峻，巩固国防成为首要任务。在中央财政吃
紧、对外抵御侵略任务迫切的情况下，促进农业生产发展的目的变
得更为明确。稳定粮食市场，促进国家工业化，贯彻落实社会主义
工业化方针成为政权建设和政权巩固中的头等大事。通过"以粮为
纲"的粮食政策控制了整个农业发展，也为国家获得了稳定、廉价
的粮食供应，维持了城市工业低工资制度下的基本生活稳定，进而
完成了国家工业化的资本原始积累。简言之，"为了完成国家工业
化，必须发展农业"，"它是既能保证朝鲜战争能够胜利又保证国内
物价继续稳定的方针"，"是积累资金、取得经验、加速国家经济建
设的方针"。[②] 1950年6月6日，陈云同志在中国共产党第七届中央
委员会第三次全体会议上发言，明确提到："中国是个农业国，工业
化的投资不能不从农业上打主意。搞工业要投资，必须拿出一批资
金来，不从农业打主意，这批资金转不过来。"1955年第一个五年计
划中基本建设投资427.4亿元，分配给农业、水利和林业部门的为
32.6亿元，占7.6%；分配给工业部门的是248.5亿元，占58.2%，
工业投资超过农业投资6倍以上。可以看到，农业在国民经济中成
为一个多予少取的行业。当时的国家工业化策略饱含新政府的政治
诉求，农业为工业提供支持，已经转化为农业为国家利益贡献自己
积累的爱国行为，通过群众运动加以响应，因此得到了广大农民的
理解、支持和拥护。此后，农业的工具性地位得到确立。在这样的
宏大背景下农地以及农地产出物都不再是可任意流转获得对价的财
产，相反它们都变成了一种国家经济计划的手段。此时粮食生产和
交换是统购统销，农业生产是工业化的来源，为国家利益做出了必

---

① 1954年11月1日国家统计局发表《关于全国人口调查登记结果的公报》，公报显
示全国人口总数为601 938 035人，其中城镇人口和乡村人口占总人口的比例分别为
13.26%和86.74%。

② 中共中央关于印发《中共中央关于实行精兵简政、增产节约、反对贪污、反对浪
费和反对官僚资本主义的决定》的通知和毛泽东对决定稿的批语和修改。载于中共中央文
献研究室编. 建国以来毛泽东文稿（第二册）[M]. 北京：中央文献出版社，1988.534.

不可少的贡献，农地财产权被进一步弱化。国家工业化的资本积累是特殊时代的历史阶段性产物，但这种财富分配方式却不能延续。

3.1.2　农民养老权的自力实现

在新中国成立之初，1949 年通过的《中国人民政治协商会议共同纲领》中明确规定，劳动者在年老、疾病或丧失劳动能力的时候，有获得物质帮助的权利，国家举办社会保险、社会救济和群众卫生事业，并且逐步扩大这些设施，以保证劳动者享受这种权利；国家和社会保障伤残军人的生活，抚恤烈士家属，优待军人家属。在这一宪法性文件中提到了劳动者的养老问题，针对农民养老而言，在新中国成立之初到合作化展开之前，基本上只有少量的社会救济触及部分老年的农民，可以说农民养老还没有制度化。土地的私有化和独立生产是农民养老依赖的最终财产来源，农民一生的所求都来自土地的产出。

工业化政策是各国国力竞争之潮流，其势不可抵挡，而土地改革则是中国共产党在 20 世纪领导中国人民进行的新民主主义革命的重要内容，它是一种历史的选择，或者说是当时中国农民的时代抉择。但当时的土地改革具有国家急迫发展的后发追赶的时代特征，这使得农民个体的养老权益甚至是其他基础性权利，如农民的财产权利都被放置在从属地位。毛泽东在总结资本主义各国的土地制度和工业化的关系时，明确地指出了其他国家"大都和我国这样先进行土改，后发展工业的情况不同"[①]。可见，农业在工具性地位的确立中的确考虑了我国进行工业化的紧迫性的国情。更为特殊的是，中国农村土地制度的变革为全国的阶级关系变革和政治格局重组提供了重要的契机。然而，在这一引发无数农民投身革命的翻身改革中，农民最终得到的是农业生产力的发展为工业化提供了基础的革

---

① 为《关于土地改革问题的报告》给刘少奇的信，载于中共中央文献研究室编. 建国以来毛泽东文稿（第一册）［M］. 北京：中央文献出版社，1987. 425.

命果实，这不得不说中国农民的胸怀是何其宽广。① 此外，20 世纪 50 年代土地改革后，广大农民获得了土地这一最基本的生产资料，土地产权归私的同时转让权也可自由行使。自由的土地买卖让农民产生了严重的两极分化，对极力倡导平等、公平的社会主义理念带来强烈冲击，确立以及巩固新政权合法性则体现在对失地农民，尤其是缺乏劳动能力的鳏寡老年弱势农民的帮扶方面。

"根源于社会主义生产资料公有制和管理经济的方式"，1954 年宪法作为社会主义宪法将"实现社会正义、促进平等作为标举其制度合法性的所在"。② 福利普遍性则是《五四宪法》的重要特征。由国家提供劳动者在年老时的基本物质帮助再次确认为一项国家责任。但事实上，农民养老权没有制度性的国家供给，此时的养老权实现直接依赖的只有土地财产，然而土地财产也被国家农业从属性地位的政策目标所影响成为受限制支配的财产。土地财产能够供给的养老资源极其有限。1952 年毛泽东专门对因为公粮和其他负担产生的无以为生的农民进行救济的指示③，足以说明当时虽然粮食增产，但农民在农业的工具性地位确立和发挥作用的过程中并未真正享受到太多的好处。相反，权益受到的侵犯确是存在的。"安徽的农民诚恳地对干部说，有些年，我们口粮不够，公粮还是照样交的嘛！我们一两年不吃肉，猪还是先卖给国家，一年一口人超过一斤油的，就交征购嘛！"④ 这一制度体现了国家为了实现工业化目标对农民财产利益的侵犯以及我们所谈及的这一阶段农民养老权实现的困难。因此，农民养老权的实现只能是自力解决，依赖土地少量的供应生活的需要，独自承担年老的种种风险。农民几乎没有可以倚重的制度

①　在 1950 年 6 月 20 日中央人民政府委员会第八次会议通过的《中华人民共和国土地改革法》总则中，对土地改革的宗旨和目的有这样的规定："废除地主阶级封建剥削的土地所有制，实行农民的土地所有制，借以解放农村生产力，发展农业生产，为新中国的工业化开辟道路。"表述中并没有提到"为了农民生活水平的提高"。

②　郑贤君. 追求幸福生活：评五四宪法的基本权利条款 [J]. 新乡师范高等专科学校学报, 2005 (11): 30.

③　中共中央文献研究室编. 建国以来毛泽东文稿（第三册）[M]. 北京：中央文献出版社, 1989. 587. 在《给粟济世的信》中，毛泽东也提到了征粮弊病的问题. 载于中共中央文献研究室编. 建国以来毛泽东文稿（第一册）[M]. 北京：中央文献出版社, 1987. 328.

④　陆学艺. 当代中国与当代中国农民 [M]. 北京：知识出版社, 1991. 29.

资源，也没有强行约束性规则来保障农民的养老权得到落实，甚至可以说，此时农民的养老权的落实是被虚化的。

3.2　农民土地财产权的权能缺失：农民养老权的家庭供给与国家化的社区供给

3.2.1　土地财产权权能主体的分离：弱化个人所有权，强调集体使用权、规模经营

新中国成立前后，全国农村都进行了土地改革，改革的核心是将地主富农的土地分给农民，农民在分得土地以后，其对土地的私有制便得以形成，土地私有制在权威文件和法律中也相继得到认可。土地改革在"阶级划分"后，农村社会的土地占有实现了均等化。然而在前述全国掀起爱国农业生产运动的热潮中，通过政治动员和政治推进，农业生产合作式经济的发展成为工农联盟的基础，土地私有制已成为并不重要的权利；相反，在政治动员较好的地区，合作经济中集体使用制度成为人们热衷的选择。据统计，1952年参加农业生产互助合作组织的农户中，老解放区就占农户总数的65%以上，而新解放区只占25%左右。[①] 1954年6月30日陈云同志关于第一个五年计划编制情况向中共中央汇报关于农业生产方面时说："农业增产有三个办法：开荒、修水利、合作化。这些办法都要采用，但见效最快的，在目前，还是合作化。"合作化是社会主义农业改造的重要路径选择，也是展开政权建设、党的领导的基本组织形式，在合作运动中农民得到了进一步的政治学习。

在政治动员的影响下，在私有的个体的经济基础之上组织起来的劳动互助被广泛推广，这种集体形式的经营形式因其可以弥补自耕小农的经济缺点而被提倡。其形式表现为20世纪50年代初兴起的合作社运动，它源于共产党在革命时期在根据地进行的互助运动。在农民土地使用权的问题上进行集体使用的推广还出于当时的一部分政治因素的考虑。建国初期，阶级成分较为复杂，执政党担心地

---

① 李德彬等. 新中国农村经济纪事（1949.10—1984.9）［M］. 北京：北京大学出版社，1989.91.

主、富农和某些反革命分子利用农民小私有者的心理造谣煽动，从巩固政权的角度出发，弱化私有产权，宣传集体使用、集体经营就显得格外地适宜于当时的政权要求。土地集中本身是自愿和自然的，但易带来贫穷化现象，这种土地私有制下的农民贫富分化的担忧就为集体使用、集体经营制度提供了一部分正当性的考量因素。

1952 年中共中央西北局召开了农业互助合作工作会议。会上习仲勋指出：把个体农民逐渐组织起来集体生产的互助合作运动已成为土地改革后农村工作的重点，一切工作也应适应这一新的形势而加以新的部署。重点试办农业生产合作社，1954 年 1 月 8 日中共中央公布《关于发展农业生产合作社的决议》，在各地农业生产互助合作运动的基础上将合作互助组推进为农业合作社，连同 1953 年 3 月公布的中央《关于农业生产互助合作的决议》，明确地开拓了社会主义改造农业的道路。

直到 1955 年 11 月 9 日全国人大常委会通过《农业生产合作社示范章程（草案)》，在这一阶段，农民的土地所有权在根本性质上没有发生改变。但在统一经营、统一分配的制度下，农民实质上失去了经营支配权。1954 年宪法的总纲第七条中规定："合作社经济是劳动群众集体所有制的社会主义经济，或者是劳动群众部分集体所有制的半社会主义经济。劳动群众部分集体所有制是组织个体农民、个体手工业者和其他个体劳动者走向劳动群众集体所有制的过渡形式。国家保护合作社的财产，鼓励、指导和帮助合作社经济的发展，并且以发展生产合作社为改造个体农业和手工业的主要道路。"实际上，经营规模的扩大能够在一定程度上提供较好的经营方式，通过互助组的形式集中经营，农村经济发展颇为迅速，1950 年的农业生产量已超过战前的最高量。从 1949 年到 1955 年的 6 年时间，农业总产值约增长 70%；粮食总产量约增长 62%。[①] 根据当时的统计，1950 年 12 月底全国总农户数为 105 536 万户，参加互助合作组织的农户为 1 151.1 万户，占总农户的 10.91%[②]，其中有互助组 272.4 万个，初级社 18 个（共 187 户），高级社 1 个（32 户）。

---

① 1949 年到 1955 年，农业总产值由 326 亿元增加到 550 亿元，增长 70%；粮食总产量由 2 162 亿斤增加到 3 496 亿斤，增长 62%。

② 当年实际投入生产，并参加秋收分配的农户为 1 131.3 万户，占总农户的 10.7%。

1954 年初，我国有 1.1 亿多农户，参加各种农业生产互助合作组织的有 4 790 多万户，其中参加农业生产合作社的只有 27.3 万户。所以，农业生产合作组织中，大部分仍是互助组，还有一大半是单干户。参加的农业合作社在 1954 年 5 月也才只有 9 万多个，仅占全国耕地总数的 2%；而当时的互助组只是技术上或者经营上的互助，没有经济生产价值的时候就不具有存在意义了。

当农民喜爱的生产互助组，由于受当时的生产力发展所限，没能提出新的提高办法而不再那么高涨的时候，以社会主义群众运动的方式将合作化运动推向了新的高潮。通过良好的政治动员和组织，农业生产合作社的推进极快。从 1954 年冬季到 1955 年春季，短短几个月的时间，农业生产合作社的数量从 20 万个增长到 60 万个。在快速推进的合作社组建过程中，农民被实现国家计划的同时要服从国家计划的个人责任感所渲染，倡导工农联盟重要性的同时要意识到个人利益服从国家利益，办合作社的目的是完成对农业的社会主义改造。改造是农民自愿的，但也是强制性组织动员的结果。这种农村政权在当时所确立的领导方式其实也为日后农村经济发展后的农村基层政权建设留下了一些潜藏的问题。

我国农业经营体制的改变是在愈大愈公便愈好的逻辑下展开的，因此土地所有权的问题被搁置在一边，提炼到土地经营权内容的重要意义在于可以将土地的实际利用通过合作化实现生产关系的社会主义改造。除了实现农业的社会主义特征的因素外，还有由农业强制积累实现工业化的国家宏观经济谋划的考虑。社会主义改造从农业的合作化开始。而刚好农业的合作化发展也有农业机械化、水利化、电气化和化学化，在合作化的基础上实现机械化，最终实现农业工业化。[①] 通过合作化实现工业化，在国家整体动员、全民利益共同体的形成中，农民个体的财产权被弱化，集体行动的合力效应被关注。

3.2.2 农民土地财产权权能的丧失：集体所有，集体使用

从新中国成立到社会主义改造这一阶段的主要任务就是实现过

---

① 国务院农村发展研究中心联络室. 土地规模经营论［M］. 北京：农业出版社，1990.5.

渡时期的总路线和总任务。党的过渡时期的总路线和总任务规定：从1953年开始，用10年到15年或更多的时间完成对农业的社会主义改造。① 1955年以前还在按照总路线和总任务的目标比较稳步地推进；到1955年底，参加高级社的农户才占4%；但从1955年下半年开始，到1956年底就跳跃式地完成了合作化，进入高级社的农户达96.3%。经济越落后、农民越穷就越容易过渡到社会主义，就越趋向于革命，这就是后来的指导思想——穷过渡。通过政治动员和政治推进，当时的政权宣扬经济合作是工农联盟的坚实基础，农业通过合作式经济的发展才能更好地巩固工农联盟。1955年3月14日人民日报发表社论：《向广大农民正确宣传农业合作化的具体政策》，指出农业合作化就是逐步改变农村的生产关系，把农民个体所有制逐步改造为集体所有制。这种改造，不是采取剥夺的办法，而是采取自愿联合的办法；采取合理地处理农民的主要生产资料，并努力发展公共经济的办法。这种改造，目的是要妥善对待农民的经济利益，包括劳力、土地分红比例问题、耕畜租价或折价归公问题以及生产投资问题等关乎农民切身利益的问题。

1955年下半年以后，由政治运动所鼓励的高级合作社在全国普遍建立。1956年，有96%的农民加入了高级社。1956年6月30日第一届全国人民代表大会第三次会议通过并由毛泽东主席颁布了《高级农业生产合作社模范章程》，在这个章程中土地所有者身份发生变化。

1957年全国各地出现了部分农民要求退社的问题，当时是以"富裕中农自发资本主义势力，反抗社会主义"的帽子冠之的。1958年8月中共中央政治局扩大会议通过《关于在农村建立人民公社问题的决议》，公社化运动拉开序幕。几个月之间，全国农村在所有制方面搞了一次"一大二公"的革命，推进公社所有制，把社员的自留地、家庭副业等转为公有，还办了公共食堂。

1958年，全国展开如火如荼的人民公社化运动，在短短数月的

---

① 1955年毛泽东在《中国农村的社会主义高潮》一书撰写的序言中指出："在从资本主义到社会主义的过渡时期内，中国共产党的总路线是：基本上完成国家的工业化，同时对农业、手工业和资本主义工商业基本上完成社会主义的改造。这个过渡时期大约需要十八年，即恢复时期的三年，加上三个五年计划。"

时间里，全国74万个农业生产合作社改组为2.6万个人民公社。公社化时期，由于公社是基本的核算单位，因此，土地由公社享有所有权。平均每个公社拥有近6万亩土地。至此，中国确立了集体所有、集体经营的农业土地制度。① 人民公社的性质是经济组织也是政治动员的组织，还是行政权力的组织，因此被形象地称为"政社合一"。

1958年11月28日至12月10日，中共中央在武昌召开八届六中全会，着重讨论通过了《关于人民公社若干问题的决议》。会议对人民公社作了充分肯定，毛泽东认为人民公社是由集体所有制向全民所有制转换，由社会主义向共产主义转换的过渡形式。虽然强调人民公社不是全民所有制，仅仅是一种过渡形式，但这并没有从根本上遏制"共产风"与"浮夸风"的继续蔓延，各地都搞粮食生产"放卫星"，中央与地方之间的信息不对称导致了决策失误，进而地方又出现了"瞒产私分"现象。这为后来出现的"三级所有体制"埋下了伏笔。

1959年3月1日和3月5日毛泽东的讲话中提到"共产风"的问题时指出："要提高农民的生产积极性，改善政府和农民的关系，必须从改变所有制入手。现在一平、二调、三收款，否定按劳分配，否定价值法则。"② 会议期间，毛泽东还提出了整顿人民公社的十四句话方针："统一领导，队为基础；分级管理，权力下放；三级核算，各计盈亏；分配计划，由社决定；适当积累，合理调剂；物资劳动，等价交换；按劳分配，承认差别。"③ 1962年中共八届十中全会通过决议，《农村人民公社工作条例》（修正草案）颁布，调整人民公社的核算体制，实行"三级所有、队为基础"，生产队由此享有集体土地的所有权。指出人民公社组织是"公社—生产大队—生产队"的三级组织，公社制度下的所有制被称为三级所有制。"三级所有，队为基础"，是指在人民公社内部，以生产队所有为基础，土地

---

① 王卫国. 中国土地权利研究 [M]. 北京：中国政法大学出版社，1997.95.
② 罗平汉. 农村人民公社 [M]. 福州：福建人民出版社，2002.123.
③ 中共中央文献研究室编. 建国以来重要文献选编（第十二册）[M]. 北京：中央文献出版社，1996.123.

分属于各生产队组织，亦即"生产队范围内的土地，都归生产队所有。"① 为缓和农民对人民公社政策的不满，再次提高农民的生产积极性，会议通过把生产队作为基本的生产单位和核算单位，并强调农地及其他生产资料都归生产队所有。

1961 年以后，退到了"三级所有，队为基础"，以生产队为基本核算单位，形式上退到了初级社的规模。正是这一阶段，生产又重新恢复。经历了互助组、初级社、高级社以及人民公社等农业合作化运动之后，土地从农民个体私有制转变为农村集体公有制，过去的农民个体单干也被集体经营所取代。在集体化时期，全部土地及大型的农具归集体所有，除了生产上的集体所有、集体经营，在分配上也忽视了农民的正当利益。因此，"经过 60 年代初期体制调整的人民公社，并未杜绝国家对产权的侵犯。农村和农民的贫困，依然令人触目惊心"②。

1958 年"大跃进"时期，由于集体化、合作化运动的冲击，集体经济核算单位不断升格，以家庭为单位的生产功能随之减弱；另外，公共食堂的兴起、工分制的个体劳动绩效的计算也让家庭的生活功能逐渐被集体所取代。后来虽然出现了三级所有，但土地经营集体决策、土地使用以集体为单位的生产指令性计划已经让农民的土地财产权能丧失殆尽。

3.2.3 农民养老权的家庭供给与国家化的社区供给

1956 年 6 月 30 日，全国人大一届三次会议通过《高级农业生产合作社示范章程》，章程首次对农村正式的生活福利制度做出原则性规定，对特殊困难的社员——缺乏劳动力或者完全丧失劳动力、生活没有依靠的老弱孤寡残疾，进行由农业合作社承担的生产生活照顾，主要包括他们的吃、穿、柴火供给、年幼者接受教育以及年老者死后安葬方面。这一规定也是我国五保供养的制度渊源。针对农民养老，制定了只针对"缺乏或丧失劳动能力、生活没有依靠的老

---

① 参见《农村人民公社工作条例修正草案》，1962 年 9 月 17 日，中共中央八届十中全会通过.

② 周其仁. 中国农村改革：国家和所有权关系的变化（下）——一个经济制度变迁史的回顾 [J]. 管理世界，1995（4）：148.

弱孤寡残疾的社员"进行适当的救济保障,由农业合作社进行集体制度保障的落实。规定的适用对象必须满足两点:一是自身劳动能力的匮乏,二是家庭养老的阙如。规定中将生产合作社确定为提供农民生活福利的主体。在生产合作社的性质上,我们必须将其回溯至当时的政治、经济和社会生活中,作为具有强烈地域性的经济组织和政治组织的结合,本书将生产合作社以及后来发展为"三级所有、队为基础"的生产队定位为国家化的社区。其具备的国家化特征还体现在生产合作社在地域上的区隔和功能定位实际上还可以与各级政府取得直接的沟通并向其寻求援助。可以看到,在人民公社化之前,由于社区保障制度供给只限于特殊的困难弱势群体,所以此时的农民养老还是主要依靠家庭养老和自我养老。虽然土地仍然是农民个人所有,但个人所有权被不断地弱化,通过合作化的导入更多地强调集体使用、集体经营。这样一来,集体经济组织具备了一定的经济能力,集体生产、集体分配、集体公共产品提供就具备了相应的基础。在依靠个人和家庭养老出现极度困难的情况下,合作社提供的国家化社区养老则作为正式的制度加以补足。初级农业社仍保留社员农民的生产资料私有制,土地通过入股后的统一经营后农产品统一分配,而农民通过入股的土地和交给农业合作社使用的耕畜和农具等生产资料均可得到一定的报酬,即按劳分配和按资分配在农业初级社中是并存的,它的前提就是承认农民对土地等生产资料所享有的财产权。

高级农业合作社之后迅速发展为"人民公社化运动","大跃进"和"共产风"在刮的时候,强调的就是公社所有制,什么都是公社的,没有私产,只能是越来越公,集体所有制将来要向全民所有制迈进。其实无论是互助组、初级社、高级社还是人民公社,从政权建构的整体去透视,从 20 世纪 50 年代起的农村土地制度变迁都是以集体化为制度设计要素的,自"20 世纪 50 年代集体化就已然成为乡村社会最核心的制度背景"[①],土地集体所有、集体经营的制度被固定下来。此时农民个人的财产数量极为有限,因此农村土

地所有制的此次重大变化直接导致农民个人依靠家庭养老的能力进一步降低，转而只能依托于日益壮大的集体经济作为基础的国家化社区养老。"传统农业社会，土地多少与家庭对其成员的养赡能力高低有直接关系。"①但是"土改以后，特别是高级社以后，土地占有的平均化和土地占有数量与家庭经济水平关系脱离"②，使得家庭的供养关系松懈了。农民耕作的是属于集体的土地，完成公社分配的生产任务，通过公社为媒介进行的"统购统销"，一部分粮食上交给国家，留下一部分口粮再进行分配，因此生产和分配的计划性让农民都绝对依赖于公社组织。离开人民公社这个集体的社区组织，农民几乎没有生存的可能。

土地集体经营，通过合作互助让"一切合作社有责任帮助鳏寡孤独缺乏劳动能力的社员（应该吸收他们入社）和虽然有劳动能力但生活上十分困难的社员，解决他们的困难"③，土地制度与弱势农民的保障形成勾连。《1956年到1967年全国农业发展纲要》（也称农业四十条）规定，对于生活无依无靠，无劳动能力、无经济生活来源的孤寡老人和残疾人及孤儿女，农村集体组织要给予"保吃、保穿、保烧（燃料）、保教（儿童和少年）、保葬"，即正式确立了集体的"五保"供养制度。从保障层次来看，"五保"供养制度是在公社集体组织这一层次进行统筹安排的，主要依靠公社的经济基础。文件要求生产队或生产小组对农村中缺乏劳动能力、生活无着落的鳏寡孤独残疾社员提供基本保障。这一时期针对五保对象的还有补助劳动日的办法，即对丧失劳动能力的"五保"对象，按全社、队每人的平均劳动日数予以补助，并让他们同其他社员一样参加分配；此外，还有补助款物的办法，即生产队在分配以前，都要按照五保内容规定的吃、穿、烧、医、葬的标准，提取一定数量的公益金，直接分配给五保户。在供养水平上应当说有一定的制度保障，而且保障的水平是"保障他们的生活能达到一般群众的生活水平"。

---

① 王跃生. 1930—1990年代冀南农村家庭规模及其变动 [A]. 张国刚主编. 家庭史研究的新视野 [C]. 北京：生活·读书·新知三联书店，2004.432.
② 王跃生. 1930—1990年代冀南农村家庭规模及其变动 [A]. 张国刚主编. 家庭史研究的新视野 [C]. 北京：生活·读书·新知三联书店，2004.458.
③ 林蕴晖，顾训中. 人民公社狂想曲 [M]. 郑州：河南人民出版社，1995.360.

从上述的供养办法中也可以看到，五保供养对象和其他社员的分配内容几乎是一致的，应当说还是一个相对较高的保障水平。1961 年的《农村人民公社工作条例》（修正草案）中还规定了生产队从生产大队可分配的总收入中扣留 3%～5% 的公益金，作为社会保险和集体福利事业费用的办法。除了物质保障之外，还有一定的服务保障，满足五保对象孤苦无依需要照顾的需求，因此还规定了对日常生活有一定困难的老弱病残人员要安排人员予以照顾。在保障对象的范围上也出现了逐步拓宽的趋势，过去五保对象要求自己没有劳动能力，也没有家庭成员可以照顾，但是到 1961 年的《农村人民公社工作条例》（修正草案）已经明显将其拓展为"对生活没有依靠的老、弱、孤、寡、残疾的社员"之外的"家庭人口多劳动力少的社员，和不幸发生事故导致生活困难的社员"。至此，五保供养制度已经初具农村社会救助的基本框架。

在土地合作化和人民公社急剧壮大的过程中，五保供养制度也就有了快速发展的依托。"1958 年，全国享受五保的有 413 万户、519 万人；全国办起敬老院 15 万所，收养了 300 余万老人，集中供养率近 60%。"[1] 但是我们看到，农村集体社区供养的五保制度是建立在集体所有制基础之上的，一方面集体组织占有了主要的生产资料，并通过集体生产、集体分配制度实现了农业领域的基本分配格局，集体经济组织作为独立的实体是可以独立核算、独立享有集体财产的组织，并通过优先于集体成员分配的提留公益金的做法确保五保供养的财政基础；另一方面，农民个人的基本生产资料归属于集体以后，农民的个人财产数量骤然减少，依靠参加集体生产才能获得的分配收入不足以供养没有劳动能力的其他家庭成员，产生了集体化时期的老年等弱势农民的保障需求。集体经济时代的集体社区供养是强制性的集体福利，属于有贯彻执行力的集体保障。

从五保制度建立之初到 2006 年五保制度改革这段时间，可以说，五保供养的本质并不是国家保障，确切地讲它是一种社区保障。承担保障责任的并不是国家，因为国家并不为五保供养对象提供任

---

① 肖林生. 农村五保供养制度变迁研究：制度嵌入性的视角［J］. 东南学术，2009（3）：34.

何的财政支持，相反，它依赖的是集体组织或国家化的社区。基于五保制度建立时的集体组织是政经社合一的主体，集合了政治经济和社区的多种功能，我们将其定位为国家化的社区供给是比较恰当的。除了财产支持，即通过内部分配，甚至是优先配置集体财产中的一部分资源外，还通过集体组织实施服务提供和管理。如当时的保吃、保穿多是从集体的公益金中开支生活费的方式解决；保烧则由生产队发动群众帮助打柴草；保医是一般在办生产队合作医疗的医疗室免费看病，产生的费用也是从公益金中代交的；保葬是指五保户死亡后，由生产队负责埋葬或发动社员帮埋。①

农村合作医疗制度也是在农业合作化运动的过程中逐步建立起来的。最初在 20 世纪 50 年代建立，后在 60 年代的时候向广大农村地区逐步推广。1968 年底，湖北省长阳县乐园公社实行农村合作医疗制度的经验在得到毛泽东同志的肯定后，农村合作医疗制度在全国农村得到了空前的发展；到 1977 年，全国已有 91.6% 的生产大队实行了农村合作医疗制度。农村合作医疗制度为老年农民基本医疗问题提供了较好的解决方案。当时以集体组织为后盾发展起来的农村合作医疗制度也是享誉世界的，它从某种程度上解决了一个不发达国家贫困农村的基本医疗普及性问题，被世界银行和世界卫生组织誉为世界医疗卫生史的奇迹，这都得益于我国集体经济的发展。质言之，无论是集体供养、五保供养还是农村合作医疗制度都体现了以集体经济为基础的国家化社区供养在农民生活保障中的重要地位。它是集体化发展中形成的特有的社区供给制度，这种制度构建与当时中国乡村社会的其他政策、农民养老生活的保障需求等社会情境是吻合的。

除了上述提到的五保制度、农村合作医疗制度之外，集体对合作化时期的自然灾害救助、社会优抚都是有突出贡献的。在集体经济的出现和壮大过程中，集体的经济功能代替了过去的家庭经济功能和地位。作为生产、分配的主体，集体也开始"作为新保障体制的中坚力量凌驾于土地保障和家庭保障之上，从而构成了以集体保

---

① 宋士云. 新中国农村社会保障制度结构与变迁（1949—2002）［D］. 中南财经政法大学博士学位论文，2005.89.

障为主导、以土地保障和家庭保障为从属的三角形保障体制"。而且这种三角形保障体制还具有更稳固、更有供给力的特点。① 国家化的社区供给一方面优越于家庭供给的抗风险能力，另一方面国家力量的间接支持使得这种抗风险能力更强。

3.3 农民土地财产权的权能获得：农民养老权供给主体回归家庭

3.3.1 农民土地财产权的权能获得：集体所有，农户承包

新中国的第二部宪法于 1975 年 1 月 17 日在全国人大四届一次会议上通过，这部宪法受到当年"文革"的影响，还留有"左"的思想痕迹。该部宪法中没有直接规定土地制度的条款，但在第五条规定："中华人民共和国的生产资料所有制现阶段主要有两种：社会主义全民所有制和社会主义劳动群众集体所有制"，在所有制的问题上彻底否定了个人所有制，一方面让现实与宪法文本之间的冲突得到弥合；另一方面也在所有制的规定上出现了权威式的否定，从《五四宪法》到《七五宪法》，所有制问题，尤其是农村土地所有制问题就发生了翻天覆地的巨变，这种政策预期本来不是法律稳定性应该具有的。同时该部宪法第七条还规定："农村人民公社是政社合一的组织。现阶段农村人民公社的集体所有制经济，一般实行三级所有、队为基础，即以生产队为本核算单位的公社、生产大队和生产队三级所有。"这样人民公社体制得到了宪法确认，实施了十几年的人民公社体制的固化又进而强化了农村集体土地所有制。

1978 年 3 月 5 日第五届全国人民代表大会第一次会议通过了第三部宪法，即《七八宪法》，这部宪法虽然纠正了《七五宪法》中一些极"左"的错误，但在土地制度上，仍然承继了《七五宪法》的所有制制度。

经历了人民公社后的时代，以及两部宪法的更迭，农村土地集体所有制得到了宪法文本和中国现实的一致性确认后，土地私有制

---

① 程为敏. 农村经济体制改革中的社会保障体制的转换 [J]. 北京大学学报（哲学社会科学版），1991（3）：48.

问题没有得到彻底的否定。现行宪法是 1982 年宪法，简称《八二宪法》，该宪法明确规定农村和城市郊区的土地属于集体所有，其中连宅基地、自留地和自留山都属于集体所有，这就彻底否定了农村土地私有制的可能性。从《共同纲领》到《七八宪法》，农民与土地之间关系是渐次减弱、不断分离的，农民基于土地的权利显得越来越薄弱。更具体地讲，《共同纲领》中农民手里还明确地享有土地所有权，《五四宪法》的规定也承认农民还拥有土地所有权，然而《七五宪法》、《七八宪法》中农民手中土地已经变为集体所有，农民个人已几乎没有了土地。直到现行宪法规定，明确农民手中享有的是直接的土地使用权。显然，现行宪法通过土地所有权和使用权分离制度的确立，并强化土地使用权，弱化土地所有权，试图抛开所有权之争的怪圈，意图改变农民土地权利薄弱的局面。

历史的经验让我们看到，在封建土地所有制的传统下，虽然地主、富农是占有土地的最主要阶层，但他们自己经营的土地面积却并不多，大部分是以租给农民耕种的形式实现农地产出物价值占有的。换言之，封建土地所有制形成了所有权与分散的租佃关系并存、所有权与经营权分离的现实，这种权能分离是能够较好地调动农民的积极性，实现更多收益和财产价值的形式。当人民公社走到了制度瓶颈的时候，我们不妨回顾几千年的封建土地所有制，权能统一、产权结构单一未必是有效率的，因此土地权能分离成为土地生产效益提高的解决路径。为了调动农民的积极性，让其拥有所有制之外的土地财产权益是非常重要的。

中共十一届三中全会以来，经过对农业上"左"的错误的批判，调整了集体经济管理的政策，放手实施了由农民群众自己作为变革主体所提出的各种形式的生产责任制。《关于建国以来若干历史问题的决议》指出："社会主义生产关系的发展并不存在一套固定的模式，我们的任务是要根据我国生产力发展的要求，在每一阶段上创造出与之相适应的便于继续前进的生产关系的具体形式。"

包产到户、联产承包制在比较贫困落后的农村率先试点。1978年秋天，安徽省发生大旱灾，为了能让秋种顺利进行，肥西县最早搞了"包产到户"，被省委知道后，当时的第一书记万里决定让他们试试。实际上早在 60 年代三年困难时期，安徽就实行过"责任田"，当时安徽省委第一书记曾希圣因为推广"责任田"被罢了官。这次尝试的结果是 1979 年夏肥西县取得大丰收;到 1979 年秋,又是一个大丰收。① 试点的成功,鼓舞了广大的农民群众,包产、包干的经验不胫而走,1980、1981 年已经普及到原来比较落后的生产区,1981、1982 年向中等发达地区发展,1982 年下半年开始在原来比较发达的农业地区陆续实行。包产到户的制度让农民劳动者与生产资料结合起来,社员过去早上上工,"喇叭喊了门上叫,喊了一个太阳照,社员还在门口瞭"的情形不见了,当自主经营的时候,劳动积极性被极大地调动起来了。

穷队、落后队、困难队是证明包产到户制度优越性的最好例证,过去从合作化以后就一直存在"穷队翻身"的问题,而实施包产到户后,穷队增产增收的问题得以解决。之后,"交够国家的,留够集体的,剩下都是自己的"的包干到户更是受到农民的青睐。这种朴素的兼顾国家集体利益之下对个人利益的诉求实际上创造了一种新的产权安排,让土地财产权在权能上进行分离,并且希冀依据权能分离而享有利益均衡。

其实"70 年代末的农村改革首先是 60 年代初期那些短期政策和安排的大规模重演"②。从家庭联产承包制的成功实践来看,农业发展应该依靠农民同生产资料的更合理的结合,同时其结合的程度和范围都要适应生产力的发展和市场发育的程度,一切靠强制组织和违背农民意愿的制度都是不可行的。与合作化的道路不同,这次的联产承包制是通过群众自下而上地逐步响应而实现的,它来自农民底层自己的创造和智慧。"发生于 1977—1978 年间,也就是在著名的中共十一届三中全会之前。是底层把上层的政策调整拉向改革。"③ 这是一次满足农民需求的改革,农民的智慧创新来自其基本的生活需求。当然满足农民自身需求的同时,国家利益的不受损也是保障这次改革顺利进行的关键原因。因为"从集体生产到家庭经

---

① 张义德."包产到户"的波折:1980 年肥西县见闻 [N]. 北京日报, 2008 – 06 – 16.
② 周其仁. 中国农村改革:国家和所有权关系的变化 (下)——一个经济制度变迁史的回顾 [J]. 管理世界, 1995 (4):147.
③ 周其仁. 中国农村改革:国家和所有权关系的变化 (下)——一个经济制度变迁史的回顾 [J]. 管理世界, 1995 (4):148.

营的制度转变是一个帕累托式的改进，既增加了农民自己的收入，也提高了全国的食物供给"①。

直到 1978 年中共十一届三中全会以后农村推行土地所有权承包经营制，除少数实行生产大队为基本核算单位的外，农村土地都一直实行生产队所有的制度。② 改革以农户替代了生产队组织，确立了农村家庭作为农业生产、分配、进行经济决策的基本单位。

原来全国都是统一的人民公社集体所有制，按照"三级所有，队为基础"的格局进行经营管理和统一分配。经过改革以后，集体所有保留的同时也保留集体经营，但作为双层经营体制的一个层次，集体统一经营并不多见。至此改革后基本确立的是土地等生产资料归集体所有，承包经营权落实给了农民。农民享有土地承包权以后，可以决定经营什么和如何经营，彻底地废弃了过去的统购统销政策。1985 年国家基本放开了除粮棉油以外绝大部分农产品的价格。这样农民的农业生产行为和市场交换行为接轨，大大促进了农民的生产积极性。

改革后农民以保证对国家、集体的缴交责任换取可以自主生产、自主分配剩余资源的土地经营自主权。土地还是公有的，仍然由集体作为土地所有权的归属主体，但最终农民通过这一变通性的制度创新获得了土地承包经营权这一重要的土地财产权能。

然而国家将土地承包权放权于农民之后，仍然享有土地产出物的统一征订权利。粮食市场仍然没有放开。到了 1986 年，中央 1 号文件要求增加农业投入，要求各地重视农业，重视粮食生产。文件提到，减少粮食订购数，实行"死一块活一块"的双轨制，考虑到交售粮食的农民的收入减少，决定对交售订购粮棉的农民平价供应一部分化肥、柴油和预付一部分订金。可以看到土地财产权的真正落实，除了土地的承包经营权之外，还要有相应的制度设计来保障其收益权的真正享有。唯此，土地承包经营权授予的新制度安排才是有意义和真正让农民受惠的。

---

① 姚洋. 中国农地制度：一个分析框架 [J]. 中国社会科学，2000 (2)：60.

② 王卫国. 中国土地权利研究 [M]. 北京：中国政法大学出版社，1997.96.

3.3.2 农民养老权供给主体从集体到家庭的回归

当集体社区组织失去最重要的财政基础的时候，农民养老供给也就会随之丧失依托。比如在"大跃进"和"三年自然灾害"集体经济困难时期，五保供养制度就陷入了自身的困境。据1958年统计，当时全国农村办敬老院15多万所，收养300多万人；到1962年，统计资料显示，全国敬老院仅存3万所，收养人数在55万人左右。1962年敬老院就比1958年减少了80%。① 再比如农村合作医疗制度的兴衰史也同样如此。随着人民公社制度的解体，农村广泛地实行家庭联产承包制，过去集体经济一统天下的局面一去不复返，农村的生产经营结构发生了重大变化以后，社会结构也随之发生变化。人民公社的政社合一体制终结，作为单一经济组织存在的集体组织不再具有可以依托合作医疗体制的强大的财政基础。人民公社时期的合作医疗覆盖率曾经达到90%的村庄，而家庭经营后，其村庄覆盖率仅维持在5%～10%。②

可以说土地集体所有、集体经营，以及依托集体经济的老年集体社区供养和农村合作医疗制度都是与计划经济体制、集体经济相适应的制度。当农村包产到户等生产责任制实施以后，土地承包经营权释放给农民，农民产生了不再依赖集体而是依靠自己谋福利的积极性。效率优先、兼顾公平的理念在改革开放的行进初期非常流行，也深入人心，集体组织的功能也随着土地制度的改革发生了深刻的变化。集体经济的无所依托让农村五保供养只能靠收取的各项统筹、提留艰难度日。2004年税费改革，农业税及其附加费取消，2006年农业税废止，在这种情况下，2006年3月，国务院出台新的《农村五保供养工作条例》取代1994年版的《五保条例》。新条例规定五保资金在地方政府预算中安排，中央财政对困难地区给予补助。2006年民政部还颁布了《农村五保供养服务机构建设的指导意见》，鼓励社会力量捐助或兴办五保供养服务机构。集体组织通过"三提五统"从农村社会进行汲取的基本规则被彻底打破，它的存在

---

① 崔乃夫. 当代中国的民政（下）[M]. 北京：当代中国出版社，1994. 107.

② 宋晓梧. 中国社会保障体制改革与发展报告 [M]. 北京：中国人民大学出版社，2001. 195.

功能和价值受到了前所未有的否定，依托于其上的五保供养就一定会发生质的转变。至此，农村五保供养制度的集体福利性质基本终止。标志着五保供养实现了从农民集体内部的互助共济体制，向国家财政供养为主的现代社会救助的"历史性转变"。集体经济与土地制度的关联形成了对农村五保供养制度的决定性影响，在这种联动体制下足以透析土地制度与农民养老之间的内在联系。

当市场体制进入农村以后，农民的养老制度、医疗制度本也需要仰仗于市场。可劳动力充裕的集体经济并不能产出充沛的养老等福利资源，因此如何解决市场要素尤其是土地生产要素的配置问题就格外重要了。但重要的土地资本的市场运作缺失让市场没能成为农民的依托。同时在国务院颁布的新修订的《农村五保供养工作条例》中，我们看到农村五保供养制度弥补了国家缺位的责任后，似乎有些矫枉过正地出现了集体的完全退出，究竟应当如何看待集体的作用，也是值得我们深思的问题。

3.4 农民土地财产权的权能再细化：农民养老权以土地价值公平实现为基础

3.4.1 农民土地财产权的权能再细化：承包权不变，经营权流转

计划经济体制下的集体经营制度转变为不允许耕地买卖的均分的责任制，实质上是一个去集体化、弱化强制政权意志的过程。但是，农地均分使用权归己的激励并不能解决中国如此严重的人多地少的激烈矛盾。国家进行的土地使用权改革，即大规模的家庭联产承包责任制的推广，其目的就是让2亿农户更好地使用土地，促进生产激励。几次中央文件和土地管理法都将土地承包经营权延长再延长，以至于承诺长久不变。因为与其他国家成功的土地制度改革一样，只有农民有稳定的土地使用权，他们才能增加投入，激励生产，发挥土地潜在的经济效益提高收入。与此同时，包产到户以后的农村家庭承包经营体制采取的是一种土地按人口均分的方式。在很多地方，土地还是生存保障的重要甚至唯一来源，因此这种均分方式也是来自集体制下每个集体成员的成员权而衍生出的土地保障

公平分享权。这也是为何在新的《土地管理法》第十四条明确限定了土地使用权的调整问题以后，仍然有很多地方在进行着土地的调整。如何面对人口的变动问题就是一个反复出现的难题。

更为重要的是，土地的细碎化和打工经济结合在一起，在很多农村人地矛盾冲突较多的地区，外出务工是常见的分流农业人口的方式。伴生着20世纪80年代工业化和城镇化在珠三角、长三角地区的高歌猛进，很多农民都在这些城市通过二、三产业的转业生产进行非农就业。经济发展与经济结构性变革致使农业产值占国民生产总值的比重不断降低，农村劳动力出现过剩和隐蔽性失业。此时，农业劳动力向非农产业转移，农用土地适度规模经营是世界各国经济发展过程中的普遍现象。以法国为例，在"二战"后经济快速发展的阶段，农村人口占全国人口的比例由1946年的25.4%，下降到1979年的8.5%。与此同时农场的平均土地经营规模不断扩大，农场总数平均每年减少3%，农场平均规模每年扩大23%。农场经营规模的变化，促进了法国农业生产的高速增长，谷物平均单产由1949年的每亩108公斤增长到1978年的309公斤；农民收入大幅增加，1979年农民收入比1959年增加2.6倍。①

一方面，农民的土地经营权有流动转移的可能，因为这部分非农就业的收入在与农业收入比较中具有优势；另一方面，恶性的农民工用工制度没有让务工农民建立稳定的长期务工的信心和预期，土地对于务工的很多农民来说仍然是不愿放弃的保障，丧失承包经营权就丧失了作为集体成员的资格，甚至丧失了将来回到农村生活的可能。因此，土地制度僵化，务工制度严重不公让农民的生活尤其是老年生活面临重重危机。农村土地集体所有制下，承包权和使用权或经营权是否能再次分离，活化土地利用制度，通过适度规模经营实现农业生产效率的提升，在承包权不变的情况下让经营权发生流动，使家户内部、家户之间进行权益共享与分割，进而提高农民收入成为农村土地制度改革的关键。但这种规模集中的方式是依靠政府主导还是市场经济下的农民自愿，其结论是显然的，我们就

---

① 曾福生. 农业适度规模经营与中国农业发展［M］. 长沙：湖南人民出版社，1996.2～3.

是从过去国家强制的集体经营的失败中走出来的，当然会选择市场制度下的自愿合作经营。

其实，农地财产权的可转让性早在 1984 年中央农村工作 1 号文件中就有规定，并在现行 1982 年宪法的第一次修正案即 1988 年宪法修正案和新的《土地管理法》中得到进一步规定。但 1990 年的《城镇国有土地使用权出让和转让暂行条例》基本开放城镇土地市场以后的十多年间，农地制度改革，尤其是农地流转的市场制度建设都非常滞后。直到 2002 年 8 月的《农村土地承包法》才在法律效力上确认农村土地的流转方式和其他内容，开启了我国农地流转市场的大门。2008 年 10 月，《中共中央关于推进农村改革发展若干重大问题的决定》进一步指出，按照依法、自愿、有偿原则，允许农民以多种形式流转土地承包经营权，发展多种形式的适度规模经营。其实文件中提到的流转土地承包经营权，从更准确的土地财产权能的析解来看应该是保留承包权、流转经营权的提倡，尽管文件中有承包权也可流转的可能性，但现实中农民通常不会选择连承包权也一起流转或放弃承包权本身，这对农民的权益造成的损害具有不可逆性，应该得到一定的限制。因此在保持土地承包关系稳定的前提下，农户联合为土地财产权真正实现市场化自由组合奠定了基本的地权条件。

3.4.2　农民养老权以土地价值公平实现为基础

（1）农地财产价值是实现养老权的基础

土地财产权与农民养老权的制度流变是一个二者从未割舍的联通需求满足的过程。首先，土地财产权的所有权与使用权的析分实现了土地财产权与农民养老权的初步联通。概言之，人民公社制度安排下的集体为单位的生产组织功能被取消，随即以家庭为单位的生产功能的恢复让土地财产的权利机理发生重大变革。土地作为一种财产和法律关系的客体——物，被析分出相应的所有权和使用权两个部分。在我国，农地所有权和土地承包经营权的分离极大地调动了农民的劳动积极性。农户经营较好地兼顾了家庭收益和国家利益，在农民普遍提升农地出产的财产价值的同时，农民养老有了更多的来源于土地的家庭依托。

　　其次，人地矛盾下的土地财产性收益相对减低，致使土地财产权与农民养老权出现断裂。承包经营制在释放了个体激励优势之后，由于农地产量出现瓶颈，农地产出价值受限而不能满足农民生活进一步改善的需求，土地利用制度再次面临革新。与此同时，人多地少的矛盾积聚下，农民外出务工导致依托家庭养老的农民在传统家庭养老关系中遇到新的问题。而劳动能力渐弱的留守老人以及将来返乡养老的务工农民如何实现养老权则是不得不考虑的问题。社会养老的不足、集体经济的衰败、家庭养老出现的诸多变化都让土地本身承担的养老功能进一步加重，而非减轻。而如何实现土地财产权与农民养老权的再次联结将成为重要的破解农民养老问题之法。

　　再次，承包经营权的进一步拆解以实现土地财产权与农民养老权的再联通。土地成为市场要素可以流动是实现其财产价值的时代选择。农村的地权改革伴生着市场体制在农村的深刻变革，要求农民能够成为市场主体、土地财产权的支配者，将土地要素通过市场流转实现资源配置的优化，解决财产价值通过流动而增值的诉求。农民可以通过土地价值的市场实现完成农民年老劳动能力匮乏后，以及城市恶性用工制度和融入城市风险不堪下对土地的依靠。在新时期遇到的种种农民养老问题，都要对新环境下的土地利用制度加以拆解，才能再次实现土地财产权与农民养老权的联通。

　　（2）农民养老权的实现以兼顾效率与公平的财产权的实现为前提

　　在资本主义早期，市场经济发展之初，古典经济自由主义者提出了市场经济之"经济人"假说。斯密是最早、较完整地对"经济人"进行论述的人，他指出"经济人"具有利己性、理性，并必须在市场自由（看不见的手的调控）条件下成立。[①]人从自利的本性出发，在追求个人利益时为免受别人对自己的利益侵害，就不得不考虑别人的利益，因此利己之人在市场作用之下会寻求共同利益。通过完全的自由竞争，最终实现互利协调、发展。以此为逻辑起点，保障市场经济的法律就应该着力保障经济自由，给予经济人平等的

---

　　① ［英］亚当·斯密. 国民财富的性质和原因的研究［M］. 郭大力，王亚南译. 北京：商务印书馆，1972.14.

法律人格。其实这是抽象的法律人格，在没有差等的法律面前，一切人格都是平等的，只有这样，"经济人"才能自由地开拓自己的命运。但现实中并非人人都是强有力的智者，能够以自己的努力获得丰裕生活的所需。那么如何实现本身不平等的弱势人的利益呢？从身份到契约，人类从等级贵贱的枷锁中解放出来，而从契约到身份则是在承认人格平等的前提下强调人是有差异的，并不都是强有力的智者，法律不能对这种差异视而不见。"尽管法律不能强行抹去人的一切差别"①，但可以考虑允许差别在特定的限度内。因此，经济自由的假设和自由市场的发展与对人的平等尤其是实质平等的追求并不矛盾。放置在我国改革开放之初就一直讨论至今的公平与效率的价值问题，笔者认为道理是相同的。

　　农地改革的过程中一直在公平与效率之间摇摆，很难寻求双重价值的兼顾。新中国成立初期，为了实现国家工业化，从效率优先的角度，通过合作化、公社化运动，旨在利用农民集体作业的高效生产和国家的高效抽取利益迅速实现国家目标。但公社化运动带来的是农民生产的惰性和生产激励的消失，适得其反地造成了效率的降低，农民生活受到严重影响，公平价值诉求也没有得到任何的补益。20世纪70年代末的农村土地制度变革，则通过激励效率、兼顾公平的做法，一方面变革为生产单位的家庭化，鼓励多劳多得，另一方面从社会公平的角度进行土地均分。但留下的隐患就是均分制下，土地越来越细碎，对公平的追求甚至妨碍了效率的实现。为避免效率损失，土地规模经营又成为土地改革者的强烈呼声。我们不要盲目地追求改变，防止改革中出现矫枉过正。从现实的中国国情看，土地资源配置的效率和对农民的保障同样重要。土地规模的无限扩大势必会形成对农民，尤其是弱势农民公平的损害。土地价值的资本化会招致社会资本的进驻，农民相对于任何社会资本主体都是弱小的，一味地追求土地利用效率和农业生产的现代化和产业化，必将土地财产权原本的主体——农民逼离土地，让土地的价值、资本意义和升值价值被强势资本所瓜分。土地改革的复杂性和争议性

---

　　① 邱本. 自由竞争与秩序调控：经济法的基础建构与原理阐析 [M]. 北京：中国政法大学出版社，2001. 158.

很大程度上都体现在衔接其他利益相关者的利益中进行权衡的过程。因此复杂的土地权利和土地功能不能简单化处理，土地财产权的实现必须兼顾效率与公平。

家庭责任制所倡行的社会公平在新的土地变革中仍然需要保留，而效率的牺牲可以通过土地资本市场的农户间参与和土地流转而实现适度规模的土地集中。土地作为生产要素，在土地资本市场的作用下实现市场价值的交易；并按市场效益最大化原则，在农户之间进行配置；土地流转的价格通过市场的公平价格机制形成，在农户之间公平协商确定。总之，农民在土地财产权利实现的过程中不能抛弃土地的福利理念。在有限制的市场格局中体现实质平等，进而为农民养老权的实现奠定价值基础。完全自由的交易机制是市场作用之追求，但其与农民权利主体地位的弱小相对抗，有可能演变为对农民权利的侵夺。在市场交易中实现平等的交易谈判和博弈是市场机制发挥真正作用的重要条件。因此半开放的市场引发的效率损失和农民在有限市场下实现的公平财产权交易，进而与养老权联通的两相比较，以及面对公平与效率价值的取舍平衡，笔者认为后者更是可取的方案。

综上所述，农村土地制度的变革如果以财产权为线索的话，那么它有两根鲜明的主线，一根是土地财产权主体的演进，另一根是土地权能的合并、细化与分离。

始于1949年的农地改革一直是中国社会制度改革的前沿。最初苏联政治上的"小农经济稳固论"被认为是反动的，在此影响下，我们怀揣着共产主义的梦想形成了越公越好的经营模式，在合作化的初级社、高级社和人民公社，财产权的主体都是在朝着个体到集体的方向发生单向变动。经营主体的选定是经营形式的一个核心要素，如果说合作化的道路是20世纪50年代热情高涨的农民的自愿选择的话，那么扩大了的农业经营规模曾经也确实让成立之初的新中国尝到了甜头。无可讳言的是农业合作化时期，集体发展农业有很多优点，包括当时大规模的农田水利建设、技术改造和抵御自然灾害等依托集体进行的农业生产与农业发展，还有对社会主义工业的贡献等。但这种集体产权主体的归属并不能长久持续地调动农民的生产积极性，所以扩大的规模变成了人人可以"搭便车"的载体，农民的热情消退，集体的功能也被农民的不满、认为不公的情绪所消弭，农业日渐萎缩。随着包产到户、包干到户、农业生产责任制的推广，经营主体发生了从集体向农户的变更。农业经营需要对生产主体进行激励。新的土地制度改革结合了农业生产的特殊性，较好地解决了这一问题。农业生产重新恢复生机，农业发展渐好。土地制度变革的过程是一个土地财产权逐步下移的过程，农民作为土地财产权的权利人越来越具体和明晰化，在制度改革成功的进程中不可忽视的是农民作为土地财产权主体的重要地位的确立。农民作为农地财产权利主体的复归，失去的是土地的政治价值和功能，得到的是它的经济价值，财产权能得以更好利用以实现土地最大的经济效益。实质上，解决农民基本生活问题才是最为关键也是最重要的政治问题。

农地财产权从最初包含全部权能的所有权到合作化开始阶段所有权与使用权的分离，到人民公社时期所有权与使用权的统一，再到 1978 年改革后的所有权与承包经营权的分离，直到土地权能适应生产发展而正在进行的承包权与经营权的分离，我们看到的是土地权能分分合合的非单向性运动，但是总体来说它是朝着土地财产权能的明晰化方向发展的。在农业合作化开始之初，农民的土地所有权被弱化、被模糊化，人民公社时期土地所有权与经营权的同归一体并没有让土地财产权能充分发挥出来，土地财产价值没有在土地财产权能的自主使用中发挥价值。只有到了家庭联产承包责任制以后，明确集体所有制不变的前提下，将土地承包经营权交还给农民，析分出来的土地承包经营权才有了可以灵活使用的主体，并被激励发挥其充分的土地财产价值。但当家庭联产承包责任制释放了它的制度优势之后，伴随着农业经营规模的细碎，联产承包制的生产激励只能引导农业经营朝着更细碎的方向发展的时候，新的问题产生了。它的进一步发展要求土地财产价值通过自由流动而实现，此时，承包经营权再进一步析分成承包权与经营权，经营权流转成为很多承包农户的需求。

经营主体的变化，农地财产权能的分合都不能让我们得出简单的结论，它们也不是简单的权利配置和单一主体的人为确定。土地财产价值的充分发挥，有利于解决农民生活尤其是农民养老生活的问题。通过对土地财产权在制度演化中的历史考察，笔者认为，土地财产权益体现出复杂的社会关系，必须重视农民本身的利益维护。因此，要让农民成为真正的土地财产权能主体，构建清晰的土地财产权利归属关系；同时，让土地财产价值充分、公平地发挥，让土地财产权能通过细化实现流转，通过土地流转市场制度的建立实现土地资本化和对土地财产产权公平的核心保护。

4 农地流转制度下土地养老的现状与问题

在土地财产权与农民养老权变化的土地制度变革的历史梳理中，我们可以更清晰地把握农地流转制度变革对土地财产权与农民养老权的互通与实现所提供的历史契机和制度环境，并进一步对于农地流转制度所引发的财产权与养老权变化提出制度设计的建议。但是，农地流转制度下被广泛采取的"土地换保障"的地方经验却与权利基础上的正当性分析相悖。农地流转制度是在现时期人地矛盾紧张状况下出现的，可以通过市场化运作带来财产性收益的制度。打工经济的出现为农民收益和现实的农民生活带来较大影响，笔者据此以实地调研展开对土地养老功能的探讨。

笔者的调研地点选择在打工经济较多、土地流转可能性较大，并有着较好进场条件的川东北以农业生产为主的村社。以四川省 D 市江县文镇为例，来说明现今土地流转问题在与平原农业相异的山区、丘陵地带的非农业主产区的农民养老权保障的问题。文镇位于四川省 D 市江县以北，距离县城 10 公里，全镇面积 36.38 平方公里，下辖 9 个行政村、91 个村民小组、1 个居委会，总人口14 370人。地形较为复杂，山地、丘陵、盆地都有分布，属湿热的亚热带东南季风气候，农作物以冬麦、中晚熟玉米为主，熟制为二熟。按照田野调查的惯例，本书中涉及的地名、人名都做了适当的匿名化处理。书中用到的个案研究来自笔者 2010 年 10 月至 11 月的调研。中国幅员辽阔，地区之间的经济社会差异具有历史累加效应。自 20 世纪 90 年代农村养老保险的设置以来，呈现出"改革开放的国家制度与市场经济同步运作的轨迹"[1]，进而形成农民养老资源因地区经济发达程度不同而产生的地域化差异现象。除了基于地域经济发展

---

① 施世骏. 中国社会公民权的空间政治转型 [EB/OL]. (2010 – 11 – 29) [2011 – 09 – 15]. http：//www.rmlt.com.cn/News/201011/201011291517014351_8.html.

的迥异而形成的地区政策、制度差异之外，还受到地理环境、气候、土壤以及市场环境的诸多影响，此外，由于各地农村的土地状况差异颇大，农业种植种类繁多，经营项目广泛，任何土地利用政策在这里都不一定适用。所以笔者在研究本问题时对于地域的差异性问题考虑得不多，这可能是造成研究对某些地域的土地利用与农民养老或市场发育、家庭关系等问题的适切性不强的原因。但在特定的自然环境、地理位置和 2008 年四川地震重灾区的特殊场域内，农民养老保障可能依靠的主体——国家、家庭、集体、自己和土地发生了特殊而复杂的关联，其丰富的制度杂糅和特殊事件后的突出矛盾都将这一问题在极具特点的地域内展现得更丰富、更深刻。

4.1　财产权、养老权关系变化与土地制度变革的关联

"任何一种土地制度的实行，都离不开切实保障农民权利。"[①] 只有以保障农民权利为出发点和宗旨，这种土地制度变革才有可能是成功的。在财产权制度符合农民财产利益、方便实现财产价值的情况下，农民养老权得到较好的关照，土地制度的几次变革验证了这样一个道理。按照土地制度变革的时间顺序来讲，首先是土地改革中的农民从过去依附于地主阶级的"土地的奴隶"翻身成为"土地的主人"，农民的土地财产所有权有史以来突破性地归属于农民自己，这极大地调动了农民的生产积极性和建设社会主义的积极性。《土地法大纲》、《共同纲领》和《五四宪法》都非常明确地确定了农民私有土地的土地改革制度，农民依靠土地及土地产出实现自己的生活供给之外还努力为新政权贡献自己的财富。土地财产价值的顺利、有效实现与农民养老权的完善密切相关。然而当土地可以自主经营、自主买卖以后，由于从封建制度转化而来，很多农民还没有积累除了土地之外的其他必备生产资料，经营土地变得困难，而农村土地买卖现象却愈发频繁，土地兼并的情势愈演愈烈，土地租佃关系显现，农村雇佣劳动大量出现，高利贷日渐增多，这极易导致刚刚获得土地的农民再次面临两极分化，更多的农民有再次失去

---

① 刘守英. 土地制度与农民权利 [J]. 中国土地科学，2000 (3)：1.

土地财产的可能。因此，需要有新的土地权属及土地利用关系来保障土地财产价值的顺利实现，进而实现农民养老权的保障。其次，在合作化生产的过程中，因为考虑到要避免农民个体，特别是在土地改革中新获得土地而缺少其他生产资料的贫下中农出现重新借高利贷甚至典让、出卖土地的情况，[①] 以及大力兴修水利，抵御自然灾害，采用农业机械、农业新技术等发展农业生产的需求，当时在执政党的引导下，广大农民确实产生了对日益增大的互助合作道路的需求。历史证明，符合农民需求、提高土地财产价值、尊重农民土地权益的土地制度或土地变革是能够推进生产、发展农业的。与此同时，在合作化的道路上，农民集体普遍地建立了集体福利制度，"五保"制度中对于困难群体的基本保障也是第一次以制度化的形式出现。

人民公社的制度问题尤其值得关注，主要是人民公社汇集了太多的权力，而直接从事农业生产的农民却失去了太多的权利。早期按照军事和工业原则建立的集体制并没有从农民自身权益的角度出发，久而久之农民利益被长期遗忘，人民公社所要实现的"以粮为纲"和"以农促工"的目标就不会再得到农民的拥护和为之奋斗了。1960年11月3日党中央下发了关于农村人民公社政策的《紧急指示信》，文件共十二条，坚决反对和彻底纠正"一平二调"的错误，确立了"三级所有"，少扣多分，尽力做到90%的社员增加收入等内容，这是对长期以来"一大二公"的人民公社制度的改革。人民公社制度改革的成功之处也在于其正视了农民基本权益的问题，这不是资本主义与社会主义之争，而是实实在在地考虑了农民的利益。将权力下放给生产队，组织农业生产、进行农业经营和收入分配，这些权力落到了生产基层第一线。随着生产与核算单位的变更，权力的下放，农民生产受到的掣肘减少了，权益的照应就自然较以前更为凸显。1962年春正式确立并实行的"三级所有，队为基础"的体制就是把以前大人民公社时期单纯通过贯彻上级意志的干预方式进行改革，生产队有了一定的自主权，无论是农业生产还是收入

---

① 《关于建国以来党的若干历史问题的决议》，1981年6月27日，中国共产党第十一届中央委员会第六次全体会议一致通过。

分配。这次改革是因为初期人民公社的狂热情绪冷静下来以后，农民或者说生产基层组织通过"瞒产私分"、消极怠工等方式自发对公社进行消极抵抗。因此，与其说是生活的现实战胜各种主义和观念，还不如说符合农民切身利益的主义和决策者意志才是符合实际并能够得到推行的。但这种人民公社体制的改变只是给了生产队一些生产经营分配的权利，并没有从根本上赋予农民一定的财产权。

高级社成立以后，农民正式地交出原本属于自己的土地，上交土地证。但高级社允许农户保留少量的自留地。到了人民公社时期，则取消了自留地，再到大人民公社解体，实行"三级所有制"以后，自留地重新恢复。此后自留地也还是经历了几收几放，农民财产权的观念也变得淡薄了。

合作化过程本身是没有问题的，甚至可以说从合作化到人民公社时期，国家对农业尤其是粮食生产的投入都是比较大的，但因为当时存在快速进入理想社会形态的指导思想，操之过急，盲目求快，导致了后面合作化的进程违反了自愿和互利的原则，对辽阔的农村地域内复杂且不均衡的经济、政治、文化状况没有做过多的考虑，同时对农民财产权的尊重不足，重视不够。所以简单要求"一大二公"的人民公社严重挫伤了农民的积极性，集体经济必然成为无源之水。因此在恢复农民的自主经营权，并按照按劳分配的原则进行分配制度改革以后，农村的生产又活跃了起来。

同时，稳定的土地产权，改革方向的不可逆性都是非常重要的。农民在国民革命战争时期就饱受土地产权政策的不稳定之苦，所以对养老权的预期很低。在国民革命战争时期，土地产权问题从1927年"八七会议"通过的《中共"八七"会议告全党党员书》提到："土地革命，其中包括没收土地及土地国有——这是中国革命新阶段的主要的社会经济之内容"；到1928年中共召开第六次全国代表大会通过的决议中又指出："没收的土地归农民代表会议（苏维埃）处理，分配给无地和少地的农民使用"；再到1930年5月，李立三主持召开的全国苏维埃区域代表大会，对党的六大提出的土地产权政策进行了批评，主张实行"土地国有"，不必分配土地给农民；直至1931年，《土地改革法》确立了消灭地主阶级，变封建半封建的土地所有制为农民的土地所有制。土地权属几经转易，农民在战争环境中没有太多的选择，承受了政策上的不稳定性；但土地改革后，前述的土地产权发生的变化则是在和平环境中农民生产热情高涨的同时而进行的多次变革。可以说，农村土地产权问题在中国的政策稳定性非常弱，这并不利于农民稳定而积极地实现土地财产价值，同时土地政策和产权问题也让农民对自己未来的老年生活一直忧心。

传统的农业社会中，农民养老倚靠的是最基本的家庭。无论是战争还是土地改革都没有改变传统农业社会中家庭的基本结构和功能。只是因为"打土豪分田地"形成了最主要的财产——土地在不同家庭中的重组，农民身份附上了阶级色彩，但生活、养老的依赖和模式都没有改变，即家庭共同经营和家庭成员间的扶助实现农民养老权。但从农业合作化后，传统农村家庭的功能得到越来越大的挑战。土地从经营权到所有权都从家庭中分离出来了，土地财产不再是农民的个人财产，它彻底变成了集体财产后，农民所依赖的家庭也不再有代际养老的义务了，或者说家庭养老的能力就此消解。土地曾是老人们的权利资源，但当它成为集体财产的时候，过去从家庭中获取的养老预期也随着财产传递的中断而消逝。新中国成立后的鼓励生育制度让很多农民期望"养儿防老"。公社工分制度也是以个人而非家庭来计算的。人民公社制度所提倡的"一大二公"彻底否定了家庭在农业社会中的作用和意义。在宏大的公社背景下，农村家庭都被政治权力所渗透，无论是内部成员间的关系、婚姻、子女教育还是老人赡养。过去的家庭养老是建基在家庭人口众多，抚养能力被均摊在多子女的大家庭中的，"联合家庭在公社时期已日益减少，农民实际上只追求小家庭的利益"[①]。同时因为人民公社的跃进过程中农民还有高涨的热情，他们主动将自家的所有财产贡献给集体，期盼着共产主义早日到来而过上理想的生活；但低下的生活水平与人民公社体制甚至是集体制之间产生了矛盾，失去土地财产权的养老权无法获得保障。

20 世纪 70 年代末 80 年代初发生的中国农村土地产权改革标志着国家对农业生产组织和具体产权安排控制的松动，其意义和深远

---

① 张乐天. 告别理想：人民公社制度研究 [M]. 上海：上海人民出版社，2005. 378.

的影响应远远超出农民基于生存动机的生产需求。这次农村土地改革是"原有体制通过国家主导的政治运动形成和改变所有权的逻辑，终于让位给一个新的逻辑"，这个逻辑就是周其仁教授所指出的"交易的逻辑"，在交易的环境里"国家从对农村经济无所不在的控制状态大踏步后退"，"最重要的是，国家在交易中转向保护新的有效产权的政策方向，并且它已经不能再单方面改变产权而无须经过与农民作进一步的交易"。① 土地承包经营权制度的改变有其产生的时代原因（解决粮食安全问题，并为农民提供生存保障），新时期更重要的问题是解决土地有效利用的问题，所以对制度的新诉求产生了土地承包经营权趋向于物权制度的新规定。② 改革的方向是将过去的国家集权通过分散化的过程实现农民对土地财产权利的真正享有。因此，实行家庭联产承包责任制以来，农民成为土地真正的主人，成为独立的商品生产者，不再是人民公社社员被命令的身份，此时的农民可以自主支配土地、劳动力、资金和其他一切生产要素去进行农业生产。因为财产占有权和使用权的自主享有，农民通过自主生产、自由交换、自主分配和消费而让自己变得更加独立，主体性更强，自力养老能力也得到了提高。对农民而言，土地是自己的，劳动自己能够支配，则依靠自己和家庭经营下的家庭养老就不成问题。

但这又必须建立在农民通过劳动所产生的收益能够足以支付自己生活需要的前提之下。同时不能否认的是，当使用权从所有权中分离以后，农民重新回到土地上勤力耕作，农业生产效率提升以及人多地少的矛盾升级之后，再次遭遇因为所有权的不可转移性所带来的剩余劳动力无法得到较好的利用的问题。集体经济遭遇多年的衰败后，这部分富余劳动力被迫涌向城市，承担最苦最累最差、收入却不高的工作。因此农村生产责任制实施后，改变了定居农耕时期农民的生活方式和经济基础，农村过去传统的家庭养老方式也发生了一些改变。如随着子女外出务工，家庭中从事农业生产的主要劳动力就是老人了。再如，农村经济体制改革为家庭生活从经济到

---

① 周其仁. 中国农村改革：国家和所有权关系的变化（下）——一个经济制度变迁史的回顾 [J]. 管理世界，1995（4）：147.

② 刘俊. 土地承包经营权性质探讨 [J]. 现代法学，2007（2）：171.

社会交往上都带来了价值观的深刻改变，亲子观的改变。① 城市工作和收入的状况让农民又回到保留土地，留下自己未来养老的"立锥之地"的想法，劳力、资金、技术都无法在农业上得到较好的整合，农村的富裕又从何谈起呢？在有条件的地区，农机耕作的规模化、新农业技术的使用、农业投资资本的进入会让适宜集体耕作的农地产生更好的效益，当然又希望有自愿的合作化。这种顺应市场、符合生产力发展的合作化的前提则是农地的自由且有保障的流转，让土地财产权在农民交易的过程中实现增值。养老仍然靠土地，但正是这部分土地财产让农民可以通过市场交易实现财产价值，从而享受财产收益所带来的养老指望。

城镇居民通过就业获得职业保障，从而通过职业创造的价值获得养老保障；同理，农民通过土地劳作形成职业保障，从而通过土地产出的商品价值获得养老支持。这本身是城乡的自然差异，但因为土地产出的商品价值的积累与城镇居民创造的价值的积累所带来的增值不同，最终导致二者所享受的养老待遇的差别或者说不公平。土地产出的商品价值没办法通过完全的市场行为实行市场价值进行累积，而这部分商品也没办法完全不通过市场储存到农民年老时享用，农民就必须活到老干到老，这是不公平的。市场经济在城镇的顺利发展让工业品随市场出现符合价值规律的波动的同时，农副产品却未实现同步联动，那么农民即使拥有"自主"的农业生产经营权，也不能享受到其真正的利益。所以，有必要开发一种有储存价值、具备升值潜力也能通过市场交易实现价值的产品来保障农民获得养老支持，从而人道地实现养老权。这种商品就是农地的经营权。

4.2 "土地换保障"方式的正当性：基于财产权和养老权关系视角

"土地换保障"的做法最初是为解决土地征收中的失地农民安置问题而进行的制度创新，而后逐渐拓展到土地流转领域。最初的失

---

① 李江涛，邝振权，何颂扬等. 农村养老新趋势：广州番禺县的调查 [J]. 开放时代，1988 (8)：36~37.

地农民意味着既丧失了生产资料，又没有社会保障予以补足，城镇就业能力低下的失地农民必然成为城镇化进程中"最脆弱"的社会贫困群体。"土地换保障"作为解决失地农民长远生计问题的一劳永逸的办法出现，但是这种办法却将失地农民的生存保障依托于"交换"的逻辑。① 对于这种做法，秦晖认为土地保障与国家保障并非并列选择、非此即彼的关系。② 马小勇则从农民可能会获得双重保障的角度讨论农民获得的额外利益的角度论证公平问题。③ 秦晖在谈到征地补偿问题时，区分越俎代庖的"土地换保障"与农民自主的"土地换保障"，并认为后者是可取的。他还认为现今土地制度安排下是谈不上"换保障"的。这是因为如今的"土地换保障"并不是在承认农民土地权的情况下进行的一种自愿"交换"，而是一种行政性、强制性安排。"土地"与"保障"本身就有多少、强弱等千差万别。到底以多少"土地"来换得什么水平的"保障"？"这里面的文章太大了。"④ 如何完成从"土地保障"到"社会保障"、从"家庭分散经营"到"适度规模化经营"的社会转型？"土地换保障"被视为实现这些转变的制度安排。⑤ 郑雄飞在分析我国农村普遍存在的"人—地关系"和"地—权关系"的矛盾变化后得出了"土地换保障"的客观必要性的结论，并阐释了交换的逻辑路径，主张吸取国企改革经验，实现"土地"和"保障"的分离；通过土地资源流转整合发展现代农业，通过社会保障体系保护农民合法权益⑥，形成"以土地换保障、以就业促发展"的乡城转变⑦。有些学者在谈到"土地换保障"问题时将农民保障等同于农民社会保险。"'以土地换保障'是指这样一种制度创新：农民在转让出承包土地或被征用

---

① 卢海元. 土地换保障：妥善安置失地农民的基本设想 [J]. 中国农村观察，2003 (6)：48~54.

② 秦晖. 中国农村土地制度与农民权利保障 [J]. 探索与争鸣，2002 (7)：15~18.

③ 马小勇，薛新娅. 中国农村社会保障制度改革：一种"土地换保障"的方案 [J]. 宁夏社会科学，2004 (3)：59~63.

④ 秦晖. 土地与保障以及"土地换保障" [N]. 经济观察报，2007-11-26.

⑤ 陈颐. 论"以土地换保障" [J]. 学海，2000 (3)：95~99.

⑥ 郑雄飞. 完善土地流转制度研究：国内"土地换保障"的研究述评 [J]. 中国土地科学，2010 (2)：76~80.

⑦ 张时飞，唐钧，占少华. 以土地换保障：解决失地农民问题的可行之策 [J]. 红旗文稿，2004 (8)：32~35.

土地的情况下，应当得到经济补偿，并用经济补偿为其建立社会保险。"①

上述研究都在力争将"保障"从土地中剥离出来，实现农民保障的社会化，实现农业经营规模的现代化。但是农地中的保障功能一旦被剥离，农民的生活何以保障，尤其是对于没有务工优势甚至没有劳动能力的农村老人。所以，足以保障农民基本生活的社会保障的建立和农地的保障功能的剥离必须有时间上的先后顺序，在农民的社会养老保障不足以依靠的时候，妄谈土地保障功能的剥离就是以损害农民基本的养老权为代价的。

土地的保障功能来源于土地财产价值，而享有财产权的正是农民自身。在回顾农民土地财产权的六十余年的历史中，我们清晰地看到农民享有土地财产权的重要性，剥离土地保障功能的企图就是从农民手中再次侵夺他们的土地财产权。我们本该做的是在另一个方向上更多地还权于农民，让农民享有的土地财产权更有保障。同时我们必须正视土地本身的社会功能和经济功能的关系。土地的财产价值可以实现保障功能，稳定农民基本的生活，并且它与经济功能不相对立。有了土地的保障，农民才可能尝试离开土地，当城市的恶性用工制度超出了劳动力市场底线的时候，农民还可以重返土地，年老农民对土地的依托更是养老资源经济补足的唯一可靠的办法。将土地保障功能与土地流转对立起来必将造成损害农民养老权或财产权的结局。

实现城镇化不是靠侵夺农民的财产，将农村无地无依靠的农民逼赶至城市去做流民和贫民的剥夺式发展路径来完成的，而是要在保障农民基本权益的前提下，形成顺畅的土地退出机制，疏通城乡流动的管道，打破农民融入城市生活的层层障碍，提供其进入城市的资本条件。新的移民会在准备充分的情况下慢慢进入城市，这才是文明的进化。而可以做到这些的就是让土地财产流转起来，实现土地的资本价值，也让财产在流动中实现"物尽其用"的更大的财产价值。农民本是应该享受土地财产价值的权利主体，也是有权利依托土地财产价值实现养老权益的主体，在不能像城镇居民那样通

① 陈颐. 论"以土地换保障"[J]. 学海，2000（3）：95～99.

过用人单位实现养老保障的情况下，农民以土地为业、以土地资本价值为养老保障的权益主张再正当不过了。韩松在区别土地的社会保障与国家提供的社会保障制度设计时指出，土地是农民的社会保障是遵循如下的逻辑：农民作为集体成员享有的是集体提供给其成员尤其是弱势成员的能够产生保障生存的基本财产。① 在城乡二元结构的背景下，制度差别并不表示制度不公平，所以，笔者认为以集体保障的理论解说反而是有道理的。在我国，农民通过签订土地承包经营合同取得土地使用权，农民可以自主支配承包土地的农业用途，进行自主经营。《物权法》的出台确证了合同行为不影响承包经营权的物权属性，即集体不能以发包人的身份对农民个体的自主使用进行干涉。但是这也同样不能抛开集体对农民的生活保障作用，因为承包人是基于农户是所属集体经济组织成员的身份而获得的，因此笔者认为，土地承包经营权具有物权属性，它可以排除集体的物权干涉，但不排除其兼具社会保障功能。土地承包经营权的行使也承载了集体赋予农民个体基本的社会保障的重要功能。

　　土地换保障的简单交换理念，一定意义上是对土地承载的保障功能的正视，与剥夺土地财产权益后的简单土地价值的折算相较更加注重土地保障功能的损失填补。但我们必须清楚地认识到，农民本身的财产权和养老权都是正当利益诉求。"农地虽然是农民的生存保障，但与把土地作为农民的社会保障制度来设计绝不是一回事。"② 此外，土地所承载的养老功能究竟有多少财产价值，如何精确计算，这可能本身就是一个难题。理性的小农都会选择在自己外出务工的时候，留下自己的承包地，可以流转但绝不放弃。如果可以买卖的话，相信他们也不会轻易地出售，因为这其中的价值很难用金钱估算。作为社会权的养老权本身就与经济权利有本质的区别。用艾斯平－安德森的理论来说，"假如社会权利是在法律上和事实上被赋予了财产所有权的性质，假如它们是不可侵犯的，假如社会权利的资格基础是公民资格而不是能力，那么它们必然带有非商品化

---

① 韩松. 农地社保功能与农村社保制度的配套建设 [J]. 法学，2010 (6)：66.

② 秦晖. 农民中国：历史反思与现实选择 [M]. 郑州：河南人民出版社，2003. 50~52.

的性质"①。因此，虽然土地的财产价值可以很好地补足养老权益的实现，但切不可将财产权与养老权混同，这恰恰能够说明财产权与养老权之间是权益联动的，而非割裂的二者。简单的交换表面看是平等的交易，实际上是拿农民的左手换右手，以及不能估值的不平等交易。同时这种简单的抵用方式，是对农民财产权益的损害和长远养老问题的忽视。

4.3 土地的养老功能受限：土地的非商品化

农民因为收入不足而外出打工，外出务工的风险和务工的年龄限制不得不迫使农民还要依赖家里的小规模口粮地，进而形成过密小规模低报酬的农业制度和恶性临时工制度的恶性循环的"半工半耕"制度逻辑。② 黄宗智在分析农业人口的变化和非农就业的影响以后，认为"农村在相当长的时期内将仍然处于人多地少的小农经济局面"，城市化—工业化并没有从根本上改变农业的过密状态，"完全通过产权私有化"其结局并不会如同美国农业一样，因为我们有 1.5 亿的农村隐性失业者。③ 因此农地流转制度改革是新一轮土地改革的关键内容。通过土地改革释放劳动力，并通过打工经济实现劳动力生产效率的提升，同时土地经营权流转会带来财产收益，并通过市场化运作实现土地财产的稳定和公平收益，这是农民享有土地财产又能兼顾土地不足带来的经营规模细小问题的解决方案。因此本书在解读农民养老保障问题的时候引入农地流转制度的特定制度因素，以期能够解决长期以来的人地矛盾和城镇化问题。土地承载的养老功能仍然存在，但因为土地产出的非商品化导致这种功能受限的情况也是普遍存在的。

"农民将自己的田承包给他者，自己进城打工，但他们总保持着对出租土地的收回权，以防止失去城中工作时缺乏生存资源。""在

---

① ［丹麦］考斯塔·艾斯平－安德森. 福利资本主义的三个世界 ［M］. 郑秉文译. 北京：法律出版社，2003. 22.

② 黄宗智. 制度化了的"半工半耕"过密型农业（上）［J］. 读书，2006（2）：37.

③ 黄宗智. 制度化了的"半工半耕"过密型农业（下）［J］. 读书，2006（3）：76~78.

城市的周边，很多村民拒绝获得城市户口，以便保持村民户口获得福利的资格和权益。"① 不容置疑的现实是农地仍然有重要的养老保障功能。然而农民之所以倚重土地的原因是与其他养老资源相比，它更可靠，可以预期又较为可控。同时土地财产权对农民养老权的支持与土地对农民养老的支持的重大区别在于农民不是依赖一次收益的土地价值就终身受用了；相反，他掌握的是完整的土地财产权利，只有留有农地，通过适度规模经营实现农地财产价值方能和养老权实现联通。换言之，农地实现自身财产价值的过程中，其权利主体受到不公平的对待，其财产权益受到损害则不能实现土地财产权与养老权的顺利联通。

土地流转制度大规模推行之前，由于土地可以为农民提供最基本的生活保障和年老后的养老保障，农民在青壮年时期通常都要在土地的庇护下兼顾农业和城市就业。其实，土地对农民的保障功能越强，农民就越依赖它；而当比较收益更多的非农劳动出现以后，农民通常就会离开土地，不需要依靠家庭生产单位的协助。所以土地与家庭在传统农村生活中是紧密相连和相互强化的。费孝通所说的反馈模式也正是在这两个元素之间的稳定并有力的关系中实现的。农民越是被束缚在土地上，对家庭的依赖就更大。所以，当土地的经营权成为人们可以易转的财产的时候，家庭的固化似乎也会被打破。联合家庭、几代共居家庭的减少都是体现。然而，土地作为资本的价值远未被发掘，如果有发育比较成熟的土地资本市场的运作，土地流转价值助力土地资本价值实现，农民则可以在年轻时依托土地价值实现积累和在城镇生活的过渡，又可以在年老时享用这部分养老资源。但现实中土地流转却出现土地的非商品化问题，导致财产价值受限，进而影响土地养老功能的发挥。

随着家庭联产承包责任制的推行，以市场为导向的自由交易活动逐步得到肯定。1985年1月1日发布的《中共中央、国务院关于进一步活跃农村经济的十项政策》（通称中央一号文件）提出了除个别品种外，国家不再向农民下达农产品统购派购任务，按照不同情况，分别实行合同定购和市场收购。"其他农产品也要逐步取消派

---

① 张静. 基层政权：乡村制度诸问题 [M]. 上海：上海人民出版社，2006. 87.

购，自由上市，自由交易，随行就市，按质论价"这一政策改革统购统销体制，鼓励自由交易。基层政权不再是领导农民生产，进行统一分配的经济至高权享有者。[①]

国家从单向行政强制的地位，一改为与农民签订订购合同的市场主体，肯定了农民作为生产者的自主权。国家进一步对非合同定购产品放开，完全由农民自行支配。农村经济的发展率先引入市场机制，从计划经济向商品经济的过渡是以"自由买卖"为先导的，对国家高度控制的资源调配进行改革的转型，应当说这有历史性跨越的意义。"瞒产私分"、"投机倒把"已成为历史名词。但是农产品的自由买卖却并没有顺利展开，从80年代中期以来，大宗农产品的市场化改革已经经过了数次"开放—重新控制—再放开"的周期。[②] 而在这个过程中也始终没有形成农产品商品化、农地商品化的洪流，农业依旧在自给自足的自然经济状态中，农地流转尽管受到劳动力外流的影响，却因没有培育出土地资本市场而一直处于"小打小闹"的状态，土地的财产价值因之受到抑制。

个案1：向某某，女，56岁，川北旺苍县黄村人，从出生起就没离开过自己的村庄。这个村庄大部分的男性都常年在外做工。由于地处山区，没有太多的平地，村民要在山上开出些"地台儿"[③]种些菜，积少成多。地台儿上栽种的萝卜，仅萝卜叶就可以喂55只兔子。兔毛这两年在附近的兔毛加工厂收购下价格增长明显，有80元一斤。家里除了养兔子，还养了7头猪、一只猫、一条狗。因为山多平地少，平日的耕种都要上上下下，倒是练就了好腿脚，向阿姨每天早晨5点钟就上山，一路耕作，上山、下山，种了水稻和红薯。家里有两大囤红薯和积起来的几百斤稻米。红薯主要是喂猪，猪肉主要是自己吃，还有逢年过节给女儿带上些。因为水稻主要是

① Liu, S., Carter, M. R. & Yao, Y. Dimensions and Diversity of Property Rights in Rural China: Dilemmas on the Road to Further Reform [J]. *World Development*, 1998 (10): 1789-1806.

② 周其仁. 产权改革和新商业组织——中国和俄罗斯农业改革比较 [J]. 国际经济评论, 1997 (Z3): 23.

③ "地台儿"与梯田相似，却远不及梯田那样长，有的只有半米长。为了找地方耕作，农民们想尽办法找耕地。

种来自己吃,所以不用太多的化肥和农药。房前屋后也栽上平日吃的蔬菜。每天从天亮忙到天黑,向阿姨的两个女儿都已自立,还能贴补一些给家里,但是现在家人仍住泥土房子,家居简陋。

从我国的土地集体所有制创制的基本理念来看,"耕者有其田"是这种土地制度所倡导的土地对于农户和个人的社会保障,并不是财产权的含义。① 如何提高财产权价值,实现土地的财产权意义,提高土地产出和土地自身的商品率是必要的路径选择。上例中辛劳的农民经常日出而作、日落而息,但自给自足的农业作业勉强够家庭糊口。上例中向阿姨就是自己忙了一个圈,只有今年的兔毛可以卖上几百块钱,其余的都是自给的农业生产。农产品的商品率非常低。农产品要有高的商品率,就需要有比较完善的农产品市场,那么市场收益就是必然的了。参与市场交易的农户家庭就是一个完整的生产单位,它如同一个企业,预计未来的市场行情,制作耕种生产计划,实施生产全过程所需要的每一个环节,抵御自然风险的筹备措施、合理分配劳动力投入,最后还要在市场上选择合适的时机销售自己的产品。同时,农户家庭也是一个独立完整的消费单位,自产的粮食首先保证自家人基本的食用外,还要计划一年的非农业消费并谨慎地保证收支平衡。这里农民要具备的首先是理性计算,在农村调查中,我们就发现了一些目不识丁,却算术了得的"快算王",随便说出几斤几两的猪肉,再算出几块几毛的单价,保证比计算器还快。当然不是人人都有如此速算水平,但也不能用"是否文盲"来简单估计农民的能力,尤其是他们计划生活、经营生产的能力。除了理性计算外,还要具有比较完备的市场体系。农业在市场经济进程中要承担与工业产品的比价风险,即投入的工业产品价格增长幅度要大于农产品的价格增长幅度,这就造成农产品成本增加,农民的收益就会相应减少。自 1985 年部分农产品市场首次放开以来,由于投入农业的生产资料价格上涨过快,然而农产品价格上涨受到限制,其价格提高幅度相对较小,导致农产品价格低于价值,进而

---

① 张静. 现代公共规则与乡村社会 [M]. 上海:上海书店出版社,2006. 225.

挫伤农民卖粮、进行市场交易的积极性。① 因此，传统的低价收购粮食的价格体系必须面对市场的冲击，富余的农产品只有通过市场销售出去才会是有利可图的，农民也才会自愿加入自由的市场体系。

个案 2：毛某某，男，55 岁，江县文镇花堆村人。提到农民收入的问题，他算了一笔账。按每亩计算，不算人工，化肥、种子要 200 元，秧苗 200 元，水利费 300 元，农药、尿素 100 元，一亩地能打 2 000 斤谷子，按一斤 1 元钱计算，一亩地有 2 000 元。在这里可以种两季，也就是 4 000 元一年，除却成本就剩下 2 000 多元。现在五口人的家里也就最多有三亩地。每个人的开销，有电费、气费、电视费、电话费、卫生费、买衣服的钱、吃饭的钱。衣服四季都要的话，500 元；每个月吃米 30 斤，每斤 2 元，要 60 元；吃菜吃肉太贵了，就按一个月 100 元算，肉现在是 12 元一斤，村里现在没有几户养猪的了，要想吃肉只有去市场买；水电费每个月 100 元。[如果按一家五口算，一年的日常开销为：500 × 5（衣服）＋（60 + 100）× 12 × 5（口粮）+ 100 × 12 × 5（水电费）= 18 100 元。] 所以土地出产的粮食再怎么多换成钱也还是不够花，没人愿意种田。如果出去打工每个月赚 1 000 元，2 个人打工就可以供全家人，给点钱就可以了，反正在家也赚得少，所以流转一直都在土地本身价值低的前提下进行的。现在流转可能还倒贴钱，归根到底是粮价太低了。

农产品市场化交易意味着土地财产权的重要性。财产权是一种与市场制度相伴生的法律现象。农产品市场的进一步发育，需要成熟完善的市场体系为农地财产权的流动提供动力。一方面农产品的商品率低，致使农地的财产价值受到贬抑；另一方面劳动力要素市场的不完善，也为农地的真正规模使用和实现土地财产价值产生负影响。只有在劳动力资源要素市场比较完备的条件下，社会分工的充分发展才会培养发达的土地市场。以农产品的商品化为例，当农产品市场不断开放和完善后，以家庭为基本单位的农户经营就势必

① 吴晓东. 中国农村养老的经济分析 [M]. 重庆：西南财经大学出版社，2005. 75.

108

要形成新的组织形式,以适应农产品的生产和交易,甚至是农产品的深加工、仓储、运输、分销等产业链的延伸。农民在这个过程中形成分工、就业,劳动力实现非农就业的顺畅过渡;同时土地价值得到提升,土地资本市场自然会形成联动。

据估计,全国有三分之一的农户、十分之一的耕地参与了流转。而且,流转大都是通过口头的随意形式,与亲戚和邻里之间进行的约定,不用支付租金。这种流转不能算是严格意义上的市场交易。①土地资本市场的缺失,土地经营权不能通过市场待价而沽,使得农地资产的价值未能充分显现,这也许是土地虽然是农民养老的依托,却并不能通过价值的市场实现而真正起到提高收入进而成为农民养老的有效支撑的一个重要因素。农地只有具备一定的产权流转才能被合理配置,土地资源的合理配置反过来也会促使农业生产的分工更为专业化。土地的边际报酬与土地的边际收益之间的均衡关系可以提高土地的利用效率,从而产生增加农民收入的效果。②

4.4 农地流转制度下土地养老功能再探析:基于土地财产性收益

姚洋认为,"land tenure"意为土地的占有和使用制度,不仅包括地权本身,而且包括地权交易、实现形式和生产组织等。③只有在产权交易的过程中农地才体现财产权流转之要义,其真正的财产价值才得以发挥。此外,土地的生产组织和土地财产权利的享有主体也是土地产权制度中的重要内容。

由于我国土地流转市场发育迟滞,农民的土地流转规模不大,加上城市用工制度对农民的不公平,农民都预期回到土地上养老,依靠土地虽然不可观但较为稳定的产出。同时,作为市场主体,农民还没有准备好和比自己强势很多倍的商业资本进行谈判和承担由

---

① 叶剑平,蒋妍,丰雷. 中国农村土地流转市场的调查研究——基于2005年17省调查的分析和建议 [J]. 中国农村观察, 2006 (4): 50.

② 党国英. 当前中国农村土地制度改革的现状与问题 [J]. 华中师范大学学报 (人文社会科学版), 2005 (7): 12.

③ 姚洋. 中国农地制度:一个分析框架 [J]. 中国社会科学, 2000 (2): 55~56.

此带来的市场风险。这样一来，我们究竟是要大规模利用土地以实现其价值，还是让农户自组织一定的小型联合规模经营以保护其土地财产权益？集体经济组织、村委会究竟在土地流转中如何定位？

2002 年，文镇白马村有 100 多亩土地流转出去。当时是村委会牵头找了成都来的老板，约定土地流转时间为 30 年，每亩地 140元。老板同意如果找工人帮忙做事就优先请流转出土地的农户。农户手上都没有流转土地的合同。成都老板开的是家生态公司，在土地上栽种核桃树、果树，下面养些鸡鸭。当年的村委会主任回忆说，因为土地流转的事情是大家都比较同意的，我们开了会，只有村民小组长参加，他们代表了村民的意愿。有村民提出异议，说这么便宜的价格，他也想承包 20 亩。但村主任说，那就必须承包 100 亩，这才是同等条件，否则只能给外面的公司承包。面对如此之多的承包地，村民们因为没有过多的本钱，也只能看着土地被廉价地流转了出去。这几年老板赚了多少钱，大家也不清楚，只是有几个村民后悔当年自己没有本钱可以租种。调研中受访的村民都没再有异议。

"公司＋农户"模式的内在缺陷就是公司处于绝对优势地位，农民由于谈判地位低、交易中被动性强，只能忍气吞声，受公司企业的盘剥而合作的积极性降低。农业生产经营的分散性导致与其他产业相较，其往往缺乏市场竞争优势。无论是资本优势还是市场垄断优势，都极有可能在农业生产资料的供应和农产品的收购上形成弱势。加上市场交易较少，市场培育得不发达、市场交易规范性差，都会导致农民在市场交易的过程中处于不利地位。以龙头企业将小规模农户联结起来的办法进行农业产业化经营，虽然可以提高农业生产的竞争力，但是这些企业不是农民自己的组织，在遵循市场交易的自利原则下，对利益的争抢、公司利益的最大化考虑，都注定了企业不会自愿让利给农民。

归根结底，一方面要人为干预商业资本的贸然进入，待市场条件成熟后再行准入；另一方面，要对分散农户的自组织问题进行诱导、示范和推广。当农民的自组织化程度提高，信息不对称和理性不足的问题得以解决以后，大规模的土地流转才不会损失农民的真正利益。显然，农民作为市场主体地位的确立和完善还有漫长的路要走。农民既然要自行组织才能形成合力，并在市场交易中确立谈判地位，那么村委会、村集体经济组织到底能否起到作用呢？

笔者调研的花堆村共有 261 个人，老龄化比较严重，60 岁以上的老人有 50~60 个。村里组织大家把土地集中起来进行流转，成立合作社，以合作社的名义对耕地统一进行招商，并对土地利益进行分配。花堆村这次土地集中共涉及耕地 79.8 亩，按照 300 元每平方米计算，平均每亩 2 001 元，共 159 680 元，人均 611 元的出让金。其实这并不是土地流转，只是借用土地流转的名义，由村委会进行的一次违法的土地交易。笔者亲历了这个过程，深深地感觉到农民的无助和易欺。村委会在整个过程中俨然变成了与村民利益对立或通过公共行为寻租的利益主体。由村委会来代表村民利益形成合作社进行真正的土地流转，势必会产生利益寻租的问题。从下面的例子可以看到农民在利益博弈过程中的弱势、短视和无奈。

个案 3：向某某，男，50 岁，文镇花堆村村民，有自己的生意铺头。他是为数不多的极力反对占地的村民之一。他认为占地是变相的经济开发，没有开会，说两句就让大家签了。土地分给农民耕种是受法律保障的，有《土地承包法》。他就想去上面反映这个问题，但信访根本就不能解决问题。流转、出租、调田法律说都得自愿，不能强制。可平时只是开 5 人、7 人、10 人的会议，没开群众大会，几个人就决定了。以扩建乡村街道、修建农贸市场、繁荣经济为由，进行变相的高价炒卖，通过修房建屋牟取暴利。村里说全盘打乱，进行收缴，重新分田、调田，赔偿费统一分配，还号召村民参加合作社，宣称不参加的人不到三分之一也没有用，只要过了三分之二就可以决定了，分钱的呼声一浪高过一浪。刚开始有十几户不同意，后来都吓退了，余下的经不起被胁迫、被排斥的村民纷纷崩溃就范，只剩下五六户还坚持着。最近，村主任、生产队长都提到要强制执行，要用推土机把地推平。村主任说："家庭承包制，不是你家庭的权利，只有集体才有权利，只要有三分之二的村民同意就可以强制执行。"生意做得不景气，有钱的人都去镇里买房了，这里的购买力不大。他就觉得田还可以有点保障。农村里的田是大家的保障，就算不种也有利益。如果占地，到升值的时候，地都没有了。他说，租赁十年都可以，流转、出租他也愿意，但就这样卖了，以后靠什么，子孙后代怎么办？

个案4：毛某，男，65岁，文镇花堆村村民，90年代就是村里的生意人，靠着贩猪、贩谷子、在学校卖盒饭，当时赚了不少钱。儿子在村里卖福利彩票，女儿结婚后买了城镇户口，女婿是重庆大学毕业的。女儿女婿在城里买房他帮出了10万元，一共47万元，现在按揭每个月1700元。女儿在图书馆上班，每月只有800元的工资，主要靠女婿供房。他现在有4万存款准备养老，还有一个房子出租，每年有5000元租金。地里的事（占地）他最开始不同意，后来村委会做了他的工作，他就同意了。他估计未来再活10年，如果能拿到8000也可以。年轻人去做工了，以后的小孩都不会种地。而且还有3分口粮田，够他自己吃饭了。

土地承载着重要的养老功能，对于期盼土地能给自己带来保障的晚年生活的农民，失去土地比不能流转土地还要可怕得多。只有那些已经有了养老保障，并不依赖土地供给的人，才不担心失去土地，才可以接受土地直接的一次性变现。由村委会帮助农民实现土地流转，或作为土地流转的中介，就会产生土地流转中农民利益流失的问题，因为村委会的地位并不中立，也与农民存在利益争夺。

但集体组织在农业中本应该发挥的作用却随着相应的税费改革和集体经济的多年衰落而停滞。现实中，人们对集体的依赖是否还有，换言之，地方政府和集体组织是否还有作为的空间呢？

个案5：任某，女，55岁，三峡移民，现住文镇三星村。有两个儿子。一个在雅安读的大学，学档案管理，现于德阳九五一厂工作，工资稳定，前年儿子一家在德阳市区买了房子。另一个儿子也不错，在外面打工，收入还算可以。老伴在汉阳帮人开饭馆，每月收入1200元。她一个人在家里种田。去年种16亩，今年种7亩，纯收入有1.2万元。与老家比起来，这里的地多，但产量不高，而且这里也不太适合种经济作物，核桃、梨子、果子、蒜薹、花椒都不行，不然一亩能赚 3 万~4 万元。她解释说：主要原因不是土壤，而是水利不行，原来老家那边用自来水，这里要自己抽水担进去。去年种了很多地，自己忙不过来就请人，请人也能赚钱，最多的时候请 7~8 个人。

对于多数在土地上耕种的老年人而言，从事繁重的体力劳动并不现实。因此年轻人重返土地，还是有机会发挥农地效益并带给自己一定收益的。不过重返乡间追求农业利润还要以一定的耕作条件为前提。显然，免征农业税和进行粮食补贴、良种补贴、农机具补贴等政策发挥作用后，国家的若干惠农措施绕开集体，直接到农民手中，堵住了截留，却也堵塞了集体组织可以统筹的资源。没有财权就没有事权，这是再简单不过的道理。关于集体的问题，我们可追溯至家庭承包经营体制的改革。家庭联产承包责任制改革的成功推进是因为它在相关利益主体之间实现了帕累托改进。在国家集体化生产阶段农民没有生产的积极性，既拖累国家的粮食生产利益，又使得农民在"搭便车"的行为过后自身利益也受损，收入偏低。家庭联产承包责任制后，所有权与使用权分离，国家的粮食生产利益与农民个人收入增加的利益是典型的帕累托改进。但却一直存在着一个问题，就是集体的问题。集体究竟是什么主体？家庭经营体制，土地被均分给农民，集体自身只留下很少的机动地，甚至有些集体已经没有机动地了，它维持资源依靠的就是统筹提留。从权能上看，集体不再是组织生产的单位，也没有进行分配的权力，更不是生产条件的提供者。过去在税费改革之前，汲取型地方在收税、收费的同时，集体组织也有了为集体谋利益、提供公共产品的义务和责任。而今，集体经济基本处于停滞状态，根本没有做事的可能了。农业税的免除让农民由过去种地收益低甚至赔本的状态，转变为种地挣钱，积极性得到一定程度的调动。但是如上例中提到的，水利设施、灌溉问题、农村的各种堰塘、大型机器都没有人去维护了。有必要重建集体经济组织，盘活集体经济，赋权赋能让其从"上"获取资源，对"下"服务。农民实行普遍的民主监督方是解决问题之道，而不是一味地减权剥益，将集体变成一个无能的空壳。

5 农地流转过程中财产权独立与农民自力养老

养老涉及三个方面，即经济或物质的供养、生活照料和精神慰藉。① 从全方位的养老功能的满足来讲，家庭养老提供的支持是最全面的，尤其在生活照料和精神慰藉方面，有着不可比拟的优越性。《中华人民共和国老年人权益保障法》第十条规定老年人养老主要依靠家庭，也是出于现实的养老资源现状的考虑。但现实中农民养老的主要困难是物质供养问题。生活照料和精神慰藉固然重要，但对于我国现阶段的老年农民来讲，最急迫解决的是能够维持基本生活的物质供养能力，这能够解决他们基本的吃穿问题。也正是从这个意义上说，农民养老现阶段着重解决的应该是具有生命权意义的养老权问题。

然而，农民养老对家庭的依赖程度势必会由于家庭本身的人口结构变化发生改变。下表是根据统计局发布的人口调查数据进行整理得出的户均人口数近 15 年的变化。下表显示，虽然中国家庭户总数和家庭户总人口数都呈增加趋势，但户内平均人口数则明显下降。按照 2010 年全国第六次人口普查的最新数据，中国家庭户均人口数已经比 1987 年减少了一个人，户均 3.10 人（见下表），即"三口之家"成为最典型的家庭人口数。在长期的计划生育政策的影响下，小家庭的出现越来越多。家庭结构中几代人同居一户的情形减少。已婚子女与老年人分居的现象逐渐增多，代际间的共居养老模式发生转变似乎已成为现实，问题的关键是分居的代际养老会有什么新的形式、产生哪些新的问题，其背后的根源又是什么呢？

---

① 穆光宗. 家庭养老面临的挑战以及社会对策问题 [J]. 中州学刊, 1999（1）: 65. 同时我国《老年人权益保障法》第十一条也有明确的法律规定。

中国家庭户人口情况变化表

年份	家庭户总数（万）	家庭户总人口数（万）	户均人口数（人）
1987	24 839	105 151	4.23
1990	27 695	109 778	3.96
1995	32 211	119 181	3.70
2000	34 837	119 839	3.44
2010	40 152	124 461	3.10

数据来源：1987 年数据来自中华人民共和国国家统计局关于 1987 年全国 1% 人口抽样调查主要数据的公报；1990 年数据来自第四次全国人口普查公报；1995 年数据来自中华人民共和国国家统计局关于 1995 年全国 1% 人口抽样调查主要数据的公报；2000 年与 2010 年数据分别来自第五次、第六次全国人口普查公报。

随着改革开放带来的农村经济基础的变化和打工经济在很多农村地区的兴起，我国传统农村家庭养老的功能、方式也发生了显著的变化。本部分多处以笔者在农村实地展开的田野调研访谈个案为例证，展现一些农民家庭养老的现状与问题。

5.1 农民家庭养老代际关系的新变化：财产承继与代际平等

5.1.1 以家庭财产为依托的家庭组合发生变革

费孝通将中西方的代际关系贴切地概括为"反馈模式"与"接力模式"。[①] 在中国传统文化中尊老爱老的体现就是年轻子女对年老父母的"反哺"，这期间透射着家人之间的默默温情和代际间的双向承担的伦理实质。但不难发现的是，传统家庭关系的代际供养反哺是与家庭结构相关的，而相应的家庭结构又是以家庭财产的代际间传递为依托的。多子家庭的几兄弟成家后一般都与父母形成联合家

---

① 费孝通. 家庭结构变动中的老年赡养问题：再论中国家庭结构的变动 [J]. 北京大学学报，1983（3）：7~16.

庭，分家往往是在父母百年或者父母无力主持家庭经营的大局以后，将财产的主导权释放，由几个儿子再进行分配的。这就是传统上的"父母在，不分家"。其实西方的"接力模式"中也一样存在财产承继而产生的养老供给的双向联系。如西欧长子继承制就是由有继承权的子女承担对父母的赡养之责的，为了保障财产继承权的落实，甚至要与父母签订赡养协议。①

在传统的代际关系中，家庭亲代与子代之间因为生产力的低下而需要共事农作，家庭分工内部化而形成的彼此紧密相连，以及恪守的尊卑观念而形成的天经地义的反哺成就了一种代际平衡关系。"在一般情况下，传统的代际关系会调动父子两代的积极性，合力将延续香火、光宗耀祖、造福子孙的事业做好。"②

"传统的家庭保障受到人口老龄化、家庭规模缩小、文化观念变更、计划生育效应等多种因素的冲击。"③ 但当家庭联产承包责任制推行的时候则出现了家庭养老的复归。随着家庭联产承包责任制的推广，家庭一改人民公社时期的简单功能，重新又成为农业的生产单位。共同创造家庭生活基本资财的前提下，家庭养老功能也就再次得到重视。随着家庭经济功能的强化，在集体化时期由集体承担的各种福利保障责任又转由家庭来承担，因此有学者认为"家庭承包经营责任制使农村家庭观念更加强化，使家庭成员关系更加紧密"④。相应的，家庭联产承包责任制催生出的家庭养老模式还培育出生育观念和家庭间的代际分工形式。但毕竟随着社会经济发展所带来的家庭规模和家庭结构的变动、社会经济环境的变迁，传统家庭模式已经不复存在了。⑤ 代际间的共财模式因为主要的家庭财产——随着土地家庭承包经营的人头均分，家长失去了分配财产的掌控权，也失去了很多家庭共居的向心力。而计划生育制度在农村

---

① Jack Goody. Comparing Family Systems in Europe and Asia：Are There Different Sets of Rules? [J]. *Population and Development Review*, 1996, 22（1）：5.

② 贺雪峰. 农村家庭代际关系的变动及其影响 [J]. 江海学刊, 2008（4）：109.

③ 王国军. 浅析农村家庭保障、土地保障和社会保障的关系 [J]. 中州学刊, 2004（1）：149～150.

④ 龙方. 论农村家庭养老模式的完善 [J]. 农村经济, 2007（5）：4.

⑤ 宋健. 中国农村人口的收入与养老 [M]. 北京：中国人民大学出版社, 2006. 129.

的严格落实也出现养儿防老观念的改变，因此"家庭不仅在经济上的合作在解体，而且在传宗接代和生儿育女上的合作也开始松动"①。同时，当土地本身的财产价值弱化，尤其是依靠土地产出的收益较低的时候，家庭养老模式受到强大的冲击。在子女成年后，父辈能够为子女提供的经济支持很少。按照郭于华的解释，中国家庭代与代之间存在一种交换逻辑②：过去都是父辈通过分给子辈土地的方式获得子女对自己养老供给的资源交换；而现在恰恰相反，很多子女将自己承包的地给父辈耕种来完成养老责任。这就是所谓的代耕子女的土地，却得不到子女的任何供养的情形。

发生传统家庭代际关系变化的一个原因是基于土地财产的平等性而非一方的绝对优势，衍生出子女养老责任的溃散。《老年人权益保障法》明确规定赡养人有义务耕种老年人的承包地，其收益归老年人所有。③ 但是没有重要的财产分配约束和现实的制度实现土地收益权，单靠子女的孝道所维持的家庭养老注定会与传统家庭养老关系大相径庭：一方面需要通过家庭子女的经济支持实现养老，一方面与子女的代际交换减少。

5.1.2 打工经济带来的家庭养老代际关系变化

家庭承包经营制实施以后虽然农民生产热情一度高涨，生产效率提升，收入增多，家庭成员间的互济功能增强，但随着家庭承包经营制的发展出现人多地少的瓶颈，农村富余劳动力增多，依靠土地的农业生产劳动效率减低。而家庭联产承包责任制又是以家庭为生产单位，以分散经营为主，抗风险能力弱，家庭保障的风险共济功能严重受挫。农业本身陷入了低报酬、增长迟缓的小规模经营循环。因此，很多地区的子女外出务工，依靠打工经济为家庭增加收入，通过货币传送实现养老责任。这种形式的养老供给通常会比在家守地的农业耕作获得更多的报酬而提高养老供给水平。据国家统计局农村司的农民工监测调查报告显示，2009 年农村外出务工劳动

---

① 贺雪峰. 农村家庭代际关系的变动及其影响 [J]. 江海学刊, 2008 (4): 113.

② 郭于华. 代际关系中的公平逻辑及其变迁——对河北农村养老事件的分析 [J]. 中国学术, 2001 (4).

③ 参见《老年人权益保障法》第十四条规定。

力已达 2.3 亿人，其中已婚者比例高达 56%。[①] 同时发生的还有新的家庭分工产生的代际交换维持家庭之间的平衡关系，即所谓的子女外出务工。很多已婚的外出务工人员的子女随祖辈留在乡里，老人通过对晚辈的抚养和照料，替子女减轻抚育的负累。外出务工者无暇顾及子女的生活起居，老人有时间，通过对孙辈的照看和抚育完成子女对老人的养老供给交换。家务劳动的社会化也会在务工子女心中形成一定的市场价值衡量，这种意义上的交换意味更强。

古训有"父母在，不远游"，强调的是除却物质供养之外的子女奉养，包括照顾老人起居，注重老人的精神生活。在尊老、重老的传统家庭养老模式下，老年生活的确是相对安逸的。三代同堂或四代同堂的快乐被认为是颐养天年的体现。传统社会也就在"多年媳妇熬成婆"的等待、期许、甘愿奉献与心安理得的享受中重复着。但今天的工业文明社会使农业生产不足以满足农民的生活需求，尤其在农村大量剩余劳动力存在的情况下，"不远游"就更没有能力供养父母。

另一方面，子女外出务工，常年背井离乡，致使与父辈的亲情淡漠，代际分离不可避免地造成家庭联系的松散。加之城市生活艰辛，赚钱不易，这都可能导致对老人的照料和供给不足，甚至会出现负影响。在打工经济的影响下，迁移人口的年龄选择性较强，导致老年人的流动性差，在本该需要人照料生活的时候，恰恰独自留守，同时还要照顾幼辈。由于打工子女大多面临着城市生活的高成本、低收入问题，通常都无力把孩子带在身边，尤其是年龄较小的孩子，因此都会把孩子留给老人，形成了农村普遍的隔代抚养的现象，一老一小的守望相助折射着他们的无奈，甚至老人都希望自己带大的孙子女可以成为未来的依靠。

个案 6：蒙某，女，74 岁，文镇西娅村村民，有两个儿子，三个女儿，其中一个女儿过继给妹妹。1995 年老伴过世，现在和小儿子生活。大儿子在四大队，老伴走后就分了家。小儿子和小儿媳在

---

① 中国老龄科学研究中心. 中国城乡老年人口状况一次性抽样调查数据分析［M］.
北京：中国标准出版社，2003.52.

成都打工，只留她一个人在家。老房子地震震垮了，下雨时搭了雨棚，风吹的时候用手拉都拉不住。一次，她在路上走的时候犯病了，托了个学生带口信给大儿媳。大儿媳来看她，还给她买了电褥子、电饭锅、电炖锅。早前她带了小儿子的娃娃两年，她说，那孩子都懂事了，我也算是有了依靠，结果娃娃大了又去找外婆了，现在就只剩下我一个人。有天晚上她感觉不好，连起来拿药的力气都没了，等了好久自己才把药吃了。

老人在说到自己一个人孤苦伶仃的时候，已经老泪纵横。她甚至很体谅自己的子女，只希望有个孙娃娃陪伴她也好。子女外出务工后，对老年人的生活照料，受到时间、空间的限制。从这个方面看，家庭养老的质量在降低，日常生活照料的需求难以满足，老年人的身体状况堪忧。

当然，因为务工迁移人口的年龄导向，没有机会外出务工的大都在五十岁以上，他们中还有很大一部分也有供养老人的责任，即年纪轻的老人供养年纪大的老人，也就是所谓的"两代老人家庭"，组成低龄老人与高龄老人两代共居的家庭模式。这种不能依赖打工经济的养老供给，多是依靠土地产出来供养。所以家庭养老的反哺式就呈现出孙辈养父辈、父辈养祖辈的情状，这其中牵涉的影响家庭养老的因素就多了很多。在众多的影响因素中，很难武断得出结论，现在农村家庭养老条件的变化对现阶段的农村养老的影响到底是好还是坏。但有学者分析："在农村老人仍以家庭养老为主，农村社会养老保障体系很不健全的情况下，农村家庭养老条件的变化会显著提高老年贫困的发生率，从而弱化了家庭的养老保障功能，会严重影响农村老龄人口的晚年生活。"①

背井离乡是子女们无奈的选择，老人们也都同情、理解自己的子女，支持他们远赴他乡。也进一步导致这种"共居模式"的家庭养老渐渐减少。

子女外出务工，年纪小一些的老人也尽力到外面挣些钱回来。

---

① 王小龙，唐龙．家庭养老、老年贫困与农村社会养老保险的角色定位［J］．人文杂志，2012（2）：139．

这种通过非农就业的填补被看成是优胜劣汰的自然法则，很多老人苦于自己年纪大，有心出去做事，却没人再请。这种失落和无奈都反映出财产在代际间的持有被认为是平等的，它不来自血缘关系，而是市场对劳动力资源的选择。加入了人为之外的第三方因素以后，老人们通常也会认为子女外出务工赚钱理所应当，不应过多地要求他们尽孝道。可见，打工经济支持的家庭养老多了几分理性而非感性的成分，老人需求子女提供的养老和子女供给的养老资源都在更为理性的权衡中支取。实质上不得不考虑的因素是青壮年劳动人口向城镇迁移的过程中，传统农村家庭养老依托的家长基于土地等财产的基本控制权发生变化，引致新的家庭伦理观念变迁。

5.2 子女提供赡养的新问题：子女养老能力与子女养老意愿

5.2.1 子女养老能力是农村老年人考虑较多的因素

代际关系，子代对亲代提供的养老资源，以及子代的养老能力往往都不是个人能够决定的。因此当出现子代对亲代的照料减少，提供的养老资源不足的时候，我们不应该一味指责子代。换言之，这个问题与其说是个人问题，还不如说它是社会问题。家庭功能的社会化越来越强，个人在社会中的分工愈加细密化所带来的个人付出增多和社会风险加大，这都对代与代之间基于生活时代的社会变迁所引致的价值观念、行为模式和考虑因素带来诸多的差异。敬老孝亲的传统文化我们都很支持，也都会褒扬这种美德，但它必须与现时代给人们提供的可能和相应制度进行匹配。否则，在价值观双重引导的错乱中，人们的行为也就自然变得混乱和不知所终了。

个案7：刘某某，女，72岁，文镇花龙村村民，有两个儿子、两个女儿，与小儿子一家一起生活。当时因为没有钱交学费，小儿子初中只读了一年，现在四十多岁，在外面找不到什么工作。小儿媳的舅爷在云南当电工，七八年前带上小儿子一家出去打工了。她说，小儿媳好，知道城里人是什么活法，也想出去赚钱，让自己过上好日子。今年腊月二十八回来，小儿媳给了刘奶奶100块钱，又交了 200 元的电话费、电费。地震震垮了房子，政府给了修房款 1.6 万元，其他还有特殊党费 3 000 多元，加起来有 2 万多元。但修房子很贵，贷款利息又高。自己家修房子拉沙子、搬水泥，不包工、不包料，老板要 6 万元工钱，在四大队砖厂买的 4 角 2 分一块的砖。刘奶奶说，以前是 1996 年修的房子，当时才花了 3 万多元，4 分钱的砖，几角钱的水泥。现在太贵了，房子修了一年，陈老板给修的，还没刮房子就没钱了，儿子儿媳又都出去赚钱了。前阵子，医院说她心脏血管萎缩，要做手术。两个儿子在县城给她看病，花了一万多块，住了半个多月的院。要不要做手术，儿女都说听她的，她自己说还是回家休息吧，不做了，活一天算一天。现在，大儿子给她粮食，她每天自己煮点米饭，泡水吃。

个案中提到的修房子、装修房子的例子在笔者调研期间非常普遍，外出务工的子女，城市开阔了他们的视野，他们也艳羡高标准的生活，期盼在老家能有一个自己向往的"安乐窝"，不自觉地对自己的生活要求也会提高。比如，调研中发现农民新修的房子通常都是两层以上，而且都有了基本的装修，即使装修没做好，家电也都留在那里，出去打工赚钱，有了钱一点一点按照"高标准"装修自己的房子。还有一些子女在县城买房子，要贷款月供，结果一般都会负债，老人的家庭赡养和生活照料功能受到削弱，养老问题被搁置一边。建房中的攀比心理是存在的，但农民将建房支出作为最大的消费，体现其长久居住在此的打算，在外打工就是为了回乡更好地生活，留下实物和留下货币相比较，怎么选择在小农心中还是清楚的，因此，多数时候储蓄并不多，多数老人们也会理解子女在外面打工的辛苦。此外，由于我国还处于工业化的早期，一般外出务工的子女都是从事劳动密集型产业的工作，劳动强度比较大，工资收入不是很高，有的甚至是高危行业。所以当面对医疗问题的时候，子女们的无奈最终将问题抛给了老人。在这种问题面前，子女们的态度其实已经明确了，因为能力有限，没办法在老人推脱的情况下强制要求医治，"顺其自然"也就成了没有办法的办法了。

有学者指出，一方面，家庭规模缩小，子女供养资本负担增加，农民养老水平可能会降低；另一方面，也有可能因为子女数量的减少，父母通过对子女教育投资来代替自我储蓄，以另一种形式发挥"养儿防老"的功能。① 但必须正视的是这种教育投资的回报率。子女通过父母早年的培育和投入，大都可以有份能安身立命的工作；但与当年父母的投入相比，可以得到的养老回报却让很多父母都很无奈。尤其当出现了家庭重大支出，不可避免的天灾人祸在父母年老时降临，父母对于子女的依赖心理更重，但又不得不为自己的子女着想，因为现实中子女也的确很难有能力提供太多的帮助。这些父母既体谅自己的子女，又悔恨自己能力欠缺，以及子女在父母身边侍奉与远赴他乡赚钱孝亲之间纠缠并不是个案，也不是个人问题，它已经演化为一个具有普遍性的社会问题了。

个案8：周某某，女，59岁，文镇花堆村村民，有两个儿子，大儿子三十几岁，小儿子24岁，都在外地打工。大儿子跑了很多地方，现在在湖北，最开始听说每月能赚1 200元，但从来没给过家里钱，现在说效益不好，自己糊口都勉强。小儿子在广州。两个儿子都没结婚。小儿子才走了一个月，考驾照就花了她9 000元，他自己还贷了3 000元，都要父母帮他还。老伴这一两年农闲都出去挣钱，一年能赚上四五千元。最近老伴在白马关、安居房那边做木工，十几个木匠一起做，每天交6元生活费，包两顿饭。他每天都回家，自己骑摩托车，早晨6点起，吃了早饭就去。有三个老板，老板太多了赚不到钱。老伴眼睛也不太行了，木工要眼神好，不然工钱都拿不到。周说，老了出去找工都难，以前她还在德阳洗过碗，实在找不到工作的时候就种点菜、姜、芋子。儿子花钱很多，他们除了自己挣钱，还得贴补儿子。

个案9：陈某，女，54岁，文镇花堆村村民，老伴55岁，只有一个女儿。三个人只有1亩多地，地都给别人种。陈某因为肝有病，休息两年了。老伴做了一二十年的工，从过去两三元一天，到现在五六十元一天。地震之后，村里大部分人家都修了新房子，只有一

① Becker, G. S., Human Capital, Fertility, and Economic Growth [J]. *The Journal of Political Economy*, 1990, 98（5）: 12 – 37.

小半没修，其中包括他们。后面的围墙倒了，如果想拿政府的维修房费就必须全拆了，也就拿 1.6 万，请人修会花更多钱。女儿也只能养自己，读了中专，当年花了五六万元读书，找工作也花了钱，老伴这么多年在外面挣的钱都供女儿上学了。女儿学医，但文凭低，只能在医院里做后勤，一个月四五百块钱。结婚了，主要靠老公，还没生小孩呢。养老的问题根本就指望不上女儿。

个案 10：李某，女，55 岁，文镇花堆村村民，老伴在外打工。只有一个女儿，今年 29 岁，读技校，毕业后分配在县里的穿线厂，每个月 1 000 元，女婿每个月能挣 2 000 元。他们在县里买了房子，小孩两岁三个月了。现在没钱寄给他们，女儿女婿经济紧张，月供要还 20 多年。他们有地，有力气就肯定会种，老了就种不动了。一家就一个孩子，将来肯定得靠女儿。

个案 11：向某，女，60 岁，文镇百花村村民，和老伴、儿子、儿媳，连同 15 岁的孙女，一家五口一起生活。地震后修了房子，130 多平方米，花了 5 万多块，去年刚刚修的，放了一年也没敢装修。因为去年下雨，对面坡上的水冲进来，整个屋子都浸水了，有半人多高，冰箱里都是水，衣物和 200 多斤青稞子都被水浸了。儿子出去浙江打工八九年了，建房子花的钱太多，还贷了 2 万多块。四五个月前，老伴被摩托车撞伤。儿子回来过，待了 20 多天后走了，儿子和儿媳都要赚钱还账，还要供孙女的学费和生活费。家里有 5 亩地，向某自己种，老伴躺了 4 个多月，她都是一个人照顾，没人管。

如上的几个案例，都存在父母需要照料和养老供给的同时，又不得不考虑子女自身的难处。父母对自己的养老希冀很虚幻，但着实想不到更好的办法。事实上，他们的年龄、身体状况都很难帮助他们改变现实。父母们都普遍认为"钱多吃饭、钱少喝粥"。他们也大都不会因生活拮据而过多地抱怨子女，他们以父母的无限宽容避免给子女增加负担。他们不会想到导致他们贫困的原因除了自身的因素外，还有制度的因素。代际的取予并不平衡，而这种不平衡似乎又非主观意愿所能左右，这是目前在农民子女养老能力困境出现后带给我们的思考。我们势必要想办法破解或缓解这一难题，让父母不必在忧愁中衰老。

5.2.2 养老意愿是农村子女养老愈加侧重的主观因素

子女养老不仅取决于子女养老的能力，还取决于子女养老的意愿。

有孙辈的抚育抚养问题的时候，子女多数时候是愿意承担养老责任的，但当孙辈渐渐可以托管或跟随父母到城市生活不会有太大麻烦的时候，子代对亲代的养老供给则减低，"两代人之间变成了一种日常生活中的交换关系"①。这种交换关系的权衡，让子女多数不愿意承担养老责任，或者在多子女的养老分担中相互推诿。此外，打工经济的存在也让原来的家庭代际关系发生变化，农户家庭疏离，过去的社区秩序逐渐松懈下来。对不孝行为的舆论和社会压力都在亲代与子代的空间距离疏远后变得不再具有约束力。为亲代提供养老资源越来越成为个人的事情，是一个家庭内部的问题，很难通过外在的社区、组织进行强制性或有规约效力的约束了。因此除却客观条件和能力的限制外，我们也注意到子女养老主观意愿的重要性。子女的这种主观愿望可以说没有了强有力的约束力，法律无法规范主观想法，甚至连道德也是乏力的。

个案12：陈某某，女，62岁，幸福湾敬老院老人，收养了一儿一女。儿子过年给了100块钱，女儿给她买了衣服。女儿不喜欢陈某某去她家，说影响自己的名誉。儿子不满意说当年什么钱都没给他，可是当年儿子盖房子，她和老伴没命地帮忙干活。说到这里，她泣不成声。

道德的力量在这种案例中通常会谴责不知报恩的养子养女，但结果并没有太大的变化。所以现在子女养老的意愿似乎已经变成子女自己的事情了，来自外界的压力和引导都变得微弱了。

---

① ［美］阎云翔. 私人生活的变革：一个中国村庄里的爱情、家庭与亲密关系（1949—1999）［M］. 龚小夏译. 上海：上海书店出版社，2006.207.

个案 13：刘某，女，55 岁，文镇百花村人，早前在家里和老伴一直供养着婆婆，但与她分居而住。婆婆今年 80 多岁，有三个儿子，老伴是婆婆的二儿子。本来她供养婆婆一直没什么怨言，老人年纪大，主要就是称粮给她，平常也会给些零花钱。婆婆身体还算好，可以自己煮饭吃。但最近她已经不管婆婆了，因为婆婆有一个 21 岁的大孙子，是大哥家的儿子，整天不务正业、游手好闲，可是婆婆就是偏爱这个孩子。他们给婆婆的钱和粮，她都给孙子，不够就来管他们要。这是哪来的道理？刘说，他（孙子）那么大了，再说他还有自己的爸妈，爸妈都不管，凭什么我们来管。气不过，他们就对婆婆说，什么时候不管你的孙娃子再说。婆婆就在旁边哭诉已经没有米吃了，还说要去村委告自己的儿子和儿媳。

例子中八十多岁婆婆的吃饭问题是万万不能不管的，再有什么问题，供养老人的粮食还是应该备好的，这是人的一般理解。但后来调研中问起别人关于刘阿姨家婆婆的事情，很多邻里都很赞同刘阿姨的做法。婆婆自己本来要依靠儿子和儿媳，已经是负担了，还要这么"不知好歹"。对婆婆这种偏袒自己的孙子的做法，大家都表现出对刘阿姨的同情。苏力认为，社会中的习惯、道德、惯例、风俗是内生于社会的制度，是在反复实践后形成的人们日常生活中必须遵循的"定式"，没有这些非正式制度的支撑和配合，国家法律就缺乏坚实的基础。[①]尽管法律规定子女有义务赡养老人，但显然刘阿姨不尽自己的法定义务却得到了乡村社会普遍公平观念的认同。如果把子女供给养老的能力放在一边，我们会发现子女养老意愿也很重要，可能与子女受到的教育有关。

从另外的角度，我们会发现子女的养老意愿不仅仅关系到他们提供养老资源的问题。质言之，有的子女不情愿承担养老责任但最终也会提供养老供给，并且主观意愿的强度与提供的养老资源的多少不一定有关，这种意愿与结果之间的不完全正相关本身不能说明问题。但如果老年人需要通过乞求才能获得老年生活的支持，没有

① 贺雪峰. 中国农村社会转型及其困境 [J]. 东岳论丛，2006（4）：59. 转引自苏力. 阅读秩序 [M]. 济南：山东教育出版社，1999.174.

任何亲情的关爱，只是施舍或不情愿的责任，这又岂是法律和强制规范能够约束的？中国古代有"彩衣娱亲"承欢于父母膝下的佳话，何尝不是因为子女侍奉亲恩时的真挚情感而让老人的晚年其乐融融呢！

5.2.3　"新农保"的"捆绑式"制度设计所强化的家庭养老

正在农村推广的"新型农村养老保险"制度（以下简称"新农保"）将制度实施时已年满 60 周岁，并且未享受城镇职工基本养老保险待遇的老年人与其子女"捆绑"，要求其符合参保条件的子女必须参保缴费，这样符合上述条件的老年人可以自己不用交费就享受"新农保"待遇。[①] 这种不惜牺牲农民参保自愿原则的个人缴费"捆绑制"还有可能因为子女拒交保费而被"连坐"，与制度的普惠宗旨相悖。其要达到的迫切目的是要让有条件的年轻人更多地参加"新农保"，制度设置的基础就是中国农村普遍存在的家庭养老这种代际供给模式。就如同国家将家庭养老入法，更是明确阐明了国家对子女养老的态度一样，"新农保"制度的预设就是有条件的子女应该为父母提供基本的养老条件。

"新农保"要求子女参保的制度很有可能出现逆淘汰，换言之，在农村最需要获得帮助的是既不能按"五保"标准成为五保户，又享受不了"低保"待遇的贫困老人。要求家庭成员每年要交几百元这很不现实，尤其是对二三十岁的年轻人来说，说服其交养老保险的保费，在可支配性收入每年所剩无几的情况下，要再过三十年才能享受利益，这种自愿性可想而知。通过强制式的捆绑代际利益实现制度落实的方式，对很多老年人来说也颇为无奈。这一制度如果纯粹从年轻人利益的角度进行评估，尤其在中西部农村，很有可能导致政策落空。"新农保"制度待遇并不高，子女缴费意愿也不高，尤其是年轻的子女，但其已然推广得很顺利。这一制度得到较好的推广效果，其最重要的原因就是家庭责任的约束作用。另外这项制度也让子女面临很大的道德压力，我所调研的村镇，各级村干部为了大力的宣传和推广，都会反复给远在外地的子女打电话，并在村

---

① 参见 2009 年 9 月 4 日国务院公布的《关于开展新型农村养老保险试点的指导意见》。

里进行宣传，熟人社会的村镇都知道谁家的子女够"孝顺"，可以让老人买到社保。

5.3 家庭养老观念的更新：精神情感的依赖和经济自主性的倚重

无论是子女是否有能力或意愿负担起养老，实际上在父母自身没有过多的养老资源，一旦完全倚重子女养老时，就会面临比较复杂的问题。王跃生认为代际关系虽然主要由血亲力量维系，但家庭之外的公共力量，代际成员间的地位和日常行为方式等社会力量都是影响代际关系的重要因素。①

过去的农村家庭生产习惯形成了"老农"活到老干到老的自给养老模式，农民没有退休制度。今天留在土地上耕作的很多都只剩下老人，他们仍然是活到老干到老，却缺少了家庭，尤其是青壮年家庭成员的依托，这种养老模式对农民而言就变得比较不可靠了。农村青壮劳动力的大量外流，在一定程度上改变了原来的家庭代际关系。参与以效率、利润、竞争为核心价值的市场经济并被洗礼后的年轻子女们不再局限于家庭，他们更为关注个人的发展和利益。很多年轻人因为更加注重自己的生活，对老人的关注度大大降低。常年外出务工，在城市之间迁移，导致从小离家的子女与农村父母之间的感情日趋疏离。父母对他们的孝道观念的灌输减少，同时要求子女回报的意愿降低。

然而这一代农村老年人面临着没有什么经验给外出打工的下一代子女的问题，他们的人生经验更多的时候被看成是落伍的。家庭中老年人的权威地位削弱，对老年人的生活倚赖无论是在物质上还是在精神上较之以往都更少了。同样地，老年人也越来越少拥有与自己的子女交流的机会。如何实现老年父母与子女之间的"分而不离"是新时期农民养老要处理的代际关系的重要方面。

在前述提到的打工经济对家庭养老的影响时，提到了留守儿童和老人守望相助的现象，但在调查中颇令笔者感到意外的是，很多

---

① 王跃生. 中国家庭代际关系的维系、变动和趋向 [J]. 江淮论坛, 2011 (2): 122.

老人愿意照看孙辈，因为一方面老人们的情感有了抚养后代的寄托，另一方面，这期间产生的交换关系会以孙辈为桥梁形成他们与其父母的较为紧密的关系。在调研中，我们经常看到孩子们和老人一起生活的情景，问孩子：你是谁家的？通常的答案都是"我是婆婆屋的"或"我是爷爷屋的"。他们能通过抚育孙辈成为"二度父母"，像当年养育儿女一样去付出、疼爱孙辈，实现情感上可以体现自身价值的寄托。实际上，子女给老人提供的代际支持又部分转移到子女的后代身上，这让老人模糊地感到自己仍然受重视。同时，有了孙辈作联结，与子女的交流就变得自然频密了，父辈与子辈有很多关于孙辈的共同话题，有了子辈的嘱托，老人们就有了更多地联络子辈、反馈信息的机会。

笔者在调研中发现了一个比较特别的例子，能够说明老人对亲情的需求，甚至希望有亲情的牵挂。

个案14：董某某，男，1933年生，文镇幸福湾敬老院老人，老家在江县九大队，有个妹妹在一大队，妹妹的探望总是让他很感动。他的生活费都是靠妹妹送到敬老院，一年要300～400元。兄弟媳妇也来看他，但兄弟死了，有2个侄子。大侄子看过他，给了他200块钱，大侄子结了婚，在成都工作，侄孙6岁了；小侄子还没结婚。老伴早年是一大队的人，在福利院去世。去年4月，他在这里伙了个老伴，90多岁了，没多久就死了。

老人在回忆自己的妹妹、弟媳、侄儿、侄孙的时候，满是对他们来探望自己的感激，足见老人对亲情的珍惜和看重。更有意思的是他还在养老院里找了一个老伴儿，而且还是90多岁的婆婆，没过半年就去世了。可见，老人们再次结合是出自情感上对孤独的拒绝，希望老年生活中能够有更多的关心和亲密的情感。

在年轻人更加关注自我，而老年人更需要被关注的矛盾中，在父母的宽容和自我牺牲的传统中，很多时候老年农民选择了默默地改变自我、适应年轻人，尽力为年轻的后代多做考虑。他们变得孤独、身心俱老。老人不再参与决策，尤其是家庭生活中的重大决策，他们更多的是聆听者、遵从者和执行者。其实老年生活的物质需求是基本的前提,但他们的快乐生活又何尝不重要呢?况且农民养老的物质资源一直都比较匮乏,这种物质贫乏有时更需要从精神上得到消弭。对子女的依赖获取无多,在自己的价值、地位受到强烈冲击以后,老人们更想通过自己的能力实现养老的独立,并通过独立的养老资源获取子女们在精神上更多的慰藉和关注。

个案 15:李某,女,58 岁,文镇花安村村民,家里 5 口人。老伴和儿子都出去打工了,儿媳刚刚有了孙娃子,现在才一个月。她还有一个婆婆供养,婆婆今年 96 岁了。儿媳户口没迁过来,家里只有三个人的地,一共 4 亩多,一般都是她来种,亩产千八百斤粮食,卖掉几百斤,剩下的都是自己吃。婆婆跟他们住了二十多年。2008年地震以后,每人一个月有 30 斤粮食领,几个兄弟就争抢婆婆的粮食。后来约定每人供养婆婆一年。

按照王跃生对代际关系三个层次的表述,现在农村普遍存在的是最低层次的"粘着型代际关系",养老高度地依赖家庭,是在外力束缚下的紧密关系,双方都有负担感。只有"代际成员之间彼此经济独立"才能够具备条件递进为第二个层次。这个层次因为反馈的减少,代际交换关系显增而代际矛盾减少,和谐代际关系随之产生。① 因此,自主性不是说子女供养的有限性降低,而是说由老年人自己负担养老资源能增强代际关系的交换能力。由此我们不难得出结论,提高老年人自身经济能力,降低对子女的依赖,可以改善代与代之间的关系。依靠平时的积蓄来养老,在农村仍然存在。然而依靠储蓄养老也有很多问题,比如,低利率、高膨胀、巨额医疗费以及农民收入的降低,这些都使得储蓄养老已失去其价值。如何寻找自力养老的经济途径成为农民需要考虑的现实问题。同时,亲代自身经济能力的提高,不仅可以使老人对子女的养老依赖减少从而更好地平衡家庭关系,而且还可以使老人更有尊严。

---

① 王跃生. 中国家庭代际关系的理论分析 [J]. 人口研究,2008 (4):20.

5.4　五保制度设计中家庭养老因素的考虑

　　农村五保供养制度，是依法实施的一项被认为具有相对连续性的和中国特色的农村社会救助项目。该制度起源于 20 世纪 50 年代，其间经历了一些变化，但对特殊群体的救助宗旨和性质未曾改变。按照 2006 年新修订的《农村五保供养工作条例》规定，五保供养对象是农村老年、残疾或者未满 16 周岁的孤儿这三类村民，并且要求他们是"无劳动能力、无生活来源又无法定赡养、抚养和扶养义务人，或者其法定赡养、抚养、扶养义务人无赡养、抚养、扶养能力的"①。五保对象属于绝对贫困的"三无"人员。五保供养中最主要的老年人之所以被列入保障范围是因为他们无劳动能力且无法定赡养和扶养义务人，或者其赡养、扶养义务人无赡养、扶养能力。可见农村五保供养制度在确定对象时考虑较多的是家庭因素。对于老年人而言，本身年龄的增长和身体健康状况的下降所带来的劳动能力减弱甚至劳动能力丧失是正常的，但能够作为五保供养对象、享受五保待遇还必须要求其没有法定的义务人。在《婚姻法》中对法定的赡养、扶养人的规定中，列明的就是基于婚姻关系的配偶有相互扶养的义务，基于父母子女关系而产生的子女对父母的赡养义务，包括收养子女。因此，家庭养老义务人的阙如才是满足五保供养的必要条件。

　　五保供养的资金来源受到地方财政的较大影响，尤其在贫困地区，"应保未保"的现象很严重。所谓"应保未保"，是指"符合五保供养条件，按规定应该享受五保供养待遇但在现实中没有被纳入五保的村民"②。这样一来如何界定五保对象，在各地就展开了更为"灵活"的应对办法，但毕竟要在村民"竞争"的过程中给出比较有说服力和能够被村民接受认同的标准。从调查中笔者发现，最多用到的标准还是家庭养老是否困难和困难程度如何。

----

　　① 《农村五保供养工作条例》（2006 年）第六条。
　　② 杨团，张时飞. 当前中国农村五保供养制度的困境与出路 [J]. 江苏社会科学，2004（3）：223.

　　个案 16：现在的问题是什么叫五保很多人都搞不清。五保要有独立的户，并且无儿、无女、无生活来源，当然也要无父无母。有兄弟姐妹，挂在户口上，就不算五保户。原来我们这里有一个老人，还是残疾，把户口挂在哥哥家，哥哥也老了，眼睛还瞎了。大家都知道哥哥是自己都养不了自己了，但就是因为户口挂在一起，没法定"五保"。①

　　案例中提到的"户"的问题在我所调查的乡镇很重要，因为2008 年地震后，救灾物资、补偿建房款都是按户下发的。在这里的农村分户并不容易，有的家里，一大家五六口人在一个户上，有的只有两个人的家里就有两个户。过去税费都是按人头收的，跟户没有关系。随着从汲取到给付行为模式的转变，从个人到户的标准也发生了变化。五保户是按"户"确定，还是应该按"个人"的标准衡量，这是最初此制度在此处的朴素判断。最终选择了前者，是因为按"户"来评定更能关照家庭因素对需要供养的五保对象的照顾问题；也就是说，只要还有"户"可挂，就说明还有人可以照料，不需要集体、国家在局促的资源中为这样的人而筹措。一般认为可挂户的都应该是亲人，笔者认为这种亲缘关系扩大后的家庭理念是支撑这一标准的唯一合理解释。

　　其次，从农村五保供养的内容来看，1956 年创建制度之初的《高级农业生产合作社示范章程》规定五保供养的内容包括保吃、保穿、保烧、保葬（未成年人保教）五个方面、四项内容。1960 年修订后的《全国农业发展纲要》（农业四十条）再次明确五项内容，并简称为"五保"。1994 年制定的《农村五保供养工作条例》（简称旧《条例》）规定的五保供养内容有：符合国家卫生标准的粮油和燃料；供给服装、被褥等用品和零用钱；供给符合基本居住条件的住房；及时治疗疾病，对生活不能自理者有人照顾；妥善办理丧葬事宜；五保对象是未成年人的，依法保障其接受义务教育。因此，有人把 1994 年旧《条例》归纳为保吃、保穿、保住、保医、保葬（未成年人保教）。2006 年修订的《农村五保供养工作条例》（简称

---

　　①　2010 年 11 月 9 日县人大代表柳××访谈。

新《条例》）除了延续旧《条例》的内容外，还有补充的内容，包括农村五保供养标准不得低于当地村民的平均生活水平，明确村委会可以委托村民对分散供养的农村五保供养对象提供照料。从五保对象针对老年农民的角度来看，五保供养制度所保障的是他们的基本生活需求，也是通常情况下家庭养老的基本内容。五保供养制度俨然是在对孤寡老人家庭养老不能的情况下推行的替代性制度。

个案 17：黄某，女，82 岁，文镇花龙村村民，身体不好，吃得少。有二儿三女，都不能养她。大儿子离得远，迁走二十多年了，没寄过一分钱。要申请五保，不给她定，她问，那为啥别人有子女就可以。接待人员告诉她那是执行有问题，通常是那些没有子女的老人如残废、看病拿不出钱，才能申请。在法律上子女是有尽赡养义务的，接待人员告诉她可以去法院告自己的子女。黄某愤愤离去，边念叨，这样的条件我怎么不知道。

上例中提到的黄婆婆的生活境况如她所述的确是非常困难的，但就是因为她有子女，最低的吃、穿、住、用、医都无法得到保障。由子女提供这些内容的保障是最正常不过的，所以，五保供养对象无论如何都不可能惠及子女有供养能力的老人。实际上五保供养又分为集中供养和分散供养两种。集中供养即养老院制度，是指纳入五保供养范围的老人在敬老院等集中场地养老，这部分老人是目前五保老人中生活质量最高的群体，但是数量较少。分散供养是指纳入五保供养范围的老人自行居家养老，这部分老人数量较多。据 2009 年 4 月统计，五保对象中，集中供养人数为 156.8 万人，分散供养人数为 395.4 万人。① 2010 年第二季度统计显示，五保供养总人数为 554.1 万人，其中集中供养人数达到 173.3 万人，供养标准为 2 755 元，分散供养标准为每年 1 959 元。② 集中供养不足，仅是分散供养的一半。分散供养对象的日常生活照料被忽视是普遍现象。

① 崔卓兰. 我国农村社会保障法律问题研究 [M]. 北京：中国法制出版社，2010. 160~161.
② 乔东平，邹文开. 社会救助理论与实务 [M]. 天津：天津大学出版社，2011. 73.

因为大多数五保供养对象没有劳动能力，又无生活来源，在出现疾病、自理能力不足时无法获得基本的生活照料。五保供养制度要解决的也是集中供养如何拓展，以实现更好的养老照料的问题，其实质就是解决本应该由家庭提供养老照顾的问题。

综合上述原因，农村家庭养老的现实条件与传统条件相较的确是发生了一些重要的改变：家庭的小型化使得家庭的养老功能弱化，同时居住方式的代际分离也意味着孝道失传的可能和老年人生活照料的困境出现。无论是子女养老能力还是子女养老意愿都构成了新时期家庭养老的新挑战。农村老年人面临的养老压力会随着工业化的进程而逐步加剧。家庭内部矛盾可能会因为养老资源的匮乏而逐渐增多，打工经济引发的代际情感交流的减少让农村老年人在精神苦闷和落寞中更渴望情感安慰和关注。对于养老资源的自主占有，独立支配成为养老可靠性的新动向。五保制度则从另外一面折射了家庭养老功能对于弱势老人的重要性。

6 农地流转制度下农民养老保障的多元化

　　除赋予农民更加充分而有保障的土地承包权与土地经营权以外，还必须清楚界定并且保护农民私人的土地收益权和转让权。农地流转是土地制度与市场经济制度内在统一的体现。只有农地流转才会让土地产出更多的收益，而享有土地经营权的农民也才能在市场环境下获得更多的财产性收益，农民的养老权也才能够获得切实的保障。从某种意义上讲，土地经营权流转是财产权的应有之义，是土地财产自由权之基础与体现，是实现养老权这一生存权之保障。但是保障农地流转背景下农民养老权的实现，它必然涉及土地财产权的实现问题和养老权与土地财产权联通途径的畅通问题。农地流转制度恰恰可以成为农地财产价值与农民养老权实现的重要联通途径，因为正是农地流转制度为农民养老供给主体的多元化发展提供了制度环境。

6.1 农民养老主体多元化的理论解释：福利多元主义与"第三条道路"

　　福利多元主义主要是指福利提供来源或提供主体的多元化。最早提出福利提供者多元化观念的是蒂特姆斯（Titmuss R.），在《福利的社会分工》一书中他所提到的社会福利、财税福利和职业福利相互配合[1]的观点即为福利多元思想的缘起。福利多元主义的概念最先源于 1978 年英国《沃尔芬德的志愿组织的未来报告》[2]，在西方社会政策中主要是指"福利的规则、筹资和提供由不同的部门共负

---

　　① Titmuss R. *The Social Division of Welfare in Essays on the Welfare State* ［M］. London：George Allen & Unwin Ltd. , 1958. 34 – 43.

　　② Wolfenden. *The Future of Voluntary Organization：Report of the Wolfenden Committee* ［M］. London：Croom – Helm, 1978.

责任，共同完成"①。1986 年罗斯提出福利多元组合理论，将国家、市场和家庭提供的福利整合形成多元组合。此后伊瓦思同样借鉴罗斯的多元组合理论，将理论进一步深化为福利三角理论。多元组合理论虽然提出社会福利总量上由三个来源构成，但是建立在各自独立的社会制度的基础上的；而福利三角理论则将多元主体放置在文化、经济、社会和政治情境中，强调三方的互动关系。从静态组合到动态关联，福利三角理论更强调社会成员的行动力和三方主体的复杂关系。② 福利多元主义从三分法——国家、市场和家庭，到四分法——市场、国家、社区和民间社会的发展经历的时间并不长。约翰逊在罗斯的福利多元组合中添加志愿机构，进一步丰富了该理论。同时福利多元组合理论以分权和参与为实现路径，以此解决福利国家的危机。③

福利多元主义是在西方福利制度发展过程中应对"福利国家出现的危机"而提出的理论和对福利提供主体的反思。因此，福利多元主义的产生背景是矫正福利国家中出现的"政府失灵"，而福利国家的出现又是当时资本主义经济危机引发的"市场失灵"的制胜法宝。在政府与市场二分的福利提供主体问题上，人们深刻省思，发现类似钟摆式的运动会让福利体制在一定的运动周期出现故障。因此不论是对政府的合法性问题、财政问题以及政府部门提供福利的模式问题的社会讨论，还是 20 世纪 80 年代开始的民营化风潮，人们要解决的都是福利供给主体的确定问题。英国是最先宣布建成"福利国家"的，也是较早在 70 年代末撒切尔夫人执政期间进行了民营化改革，提出政府角色的转换、市场供给福利的再现和福利多元主义理论的国家。英国所发生的福利供给主体的急剧变动更是说明了单一福利供给主体在发展过程中必然遭遇的问题。最终福利多元主义主张政府不是福利的唯一提供者，福利责任应该由公共部门、

①　彭华民，黄叶青. 福利多元主义：福利提供从国家到多元部门的转型［J］. 南开学报（哲学社会科学版），2006（6）：42.

②　彭华民等. 西方社会福利理论前沿：论国家、社会、体制与政策［M］. 北京，中国社会出版社，2009.3~4.

③　彭华民等. 西方社会福利理论前沿：论国家、社会、体制与政策［M］. 北京，中国社会出版社，2009.2.

营利部门、非营利部门和家庭社区共同负担。在福利供给主体二分的背景下，强调改革的福利多元主体合作的主张是福利多元主义的要旨。福利多元主义站在纵向的福利发展角度，对工业化发展进程演化出来的福利提供主体，从家庭、社区、教会和民间慈善团体，到企业再到政府，进行了回溯性分析；以及横向地考虑政府部门、市场主体、非政府组织和家庭社区所能够担当的福利供给的特色与责任分担。

英国的福利国家转型是通过"第三条道路"来实现的。但英国第三条道路的思想主张早在 20 世纪初就已经出现了，它是在"激进社会主义"和"辉格党的个人主义"的对立中寻求阶级调和以及更为实用的政治主张。这一思想出现在 20 世纪 30 年代，缘于对资本主义自身的失业、贫困问题的担忧，和解决这些问题方法上的兼顾社会保障制度、个人能动性和家庭责任。直到 1938 年，麦克米伦对两次世界大战间的英国未来发展道路在资本主义和社会主义选择中提出了第三条道路的主张。而第三条道路的兴起则是在第二次世界大战后，西欧各国右翼政党执政推行的新自由主义经济政策和凯恩斯主义的福利社会政策之间寻求的共识。[①] 右翼政党的新自由主义经济政策虽然在战后大选中击败了左派政党，但在十多年的执政后，也暴露出其政策的弊端，左派的路线早已失灵，右派的政策也开始遭到批判。新自由主义在强调市场自由的同时，又自相矛盾地重视传统家庭和民族。全球化背景下，自由主义制造新的风险和不确定性。古典社会民主主义也在全球化进程中陷入困境。[②] "人们开始厌倦在左与右之间反复地进行选择"[③]，在这种简单抛弃、简单重复的运动中，建立在现代化、全球化的背景之下的吉登斯"超越左与右"的第三条道路得到了政治实践的运用而在欧洲乃至世界广泛兴起。吉登斯所主张的第三条道路的福利有积极福利政策的实施，通过限制国家干预，鼓励人们追求幸福，强调自我实现和责任。积极福利

---

① 丁建定. 社会福利思想（第 2 版）［M］. 武汉：华中科技大学出版社，2009. 187~188.

② ［英］吉登斯. 第三条道路：社会民主主义的复兴［M］. 郑戈译. 北京：北京大学出版社，2000. 1~20.

③ 郑伟. 全球化与第三条道路［M］. 长沙：湖南人民出版社，2003. 3.

并不排斥和完全剔除国家提供福利，主张能够照顾各阶层的福利制度，反对在国家实现收入和财富再分配的过程中让更富裕的团体比更贫穷的团体更受益。积极福利应当体现出有效的风险管理，不仅是减小风险或保护人们免受风险，更重要的是利用风险的积极方面，并为风险承担提供必要的资源。① 从第三条道路对福利国家中的国家全能主义的批判以及主张避免国家与市民之间的"二元对立"，强调主体的责任与能动，形成国家、社会与个人的合作互动来看，其与福利多元主义的主张实质上是暗合的。

6.2　农地流转制度下国家的积极福利供给责任

6.2.1　农民依靠国家养老保障的现状与问题

（1）从宪法文本中的"国民"关系看农民养老保障的国家责任

农民养老保障与国家责任之间的关系应该放置在公民养老保障与国家对应关系的大背景中去解读，因为农民仅仅是一个身份，他并不代表因为身份特别而形成的公民资格的有别。一国的宪法是规范公民与国家间关系的最根本和最权威的法律文件。世界各国的宪法都以规定公民基本权利与义务及国家职能和责任为主要内容。在我国现行 1982 年宪法文本中，我们发现，国家承担社会保障的责任界定是多处的。宪法第十四条中规定国家通过提高劳动者的积极性和技术水平，推广先进的科学技术，完善经济管理体制和企业经营管理制度，实行各种形式的社会主义责任制，改进劳动组织，以不断提高劳动生产率和经济效益，发展社会生产力……国家合理安排积累和消费，兼顾国家、集体和个人的利益，在发展生产的基础上，逐步改善人民的物质生活和文化生活。国家建立健全同经济发展水平相适应的社会保障制度。2004 年的宪法修正案规定"国家尊重和保障人权"。显然，国家承担起改善人民生活，努力保障人民幸福生活的责任，而这一国家责任的承担在目前阶段则主要通过发展生产力的方式实现。在现代化生产中，国家和政府更加强调劳动者的积

---

① ［英］吉登斯. 超越左与右：激进政治的未来［M］. 李惠斌，杨雪冬译，北京：社会科学文献出版社，2003. 146～154.

极性和科技水平，从而为政府责任的积极能动地履行奠定了宪法基础。

在宪法第十九条"国家发展社会主义的教育事业，提高全国人民的科学文化水平。国家举办各种学校，普及初等义务教育，发展中等教育、职业教育和高等教育，并且发展学前教育。国家发展各种教育设施，扫除文盲，对工人、农民、国家工作人员和其他劳动者进行政治、文化、科学、技术、业务的教育，鼓励自学成才。国家鼓励集体经济组织、国家企业事业组织和其他社会力量依照法律规定举办各种教育事业"，第二十条"国家发展自然科学和社会科学事业"，第二十三条"国家培养为社会主义服务的各种专业人才，扩大知识分子的队伍，创造条件"，以及第四十七条"国家对于从事教育、科学、技术、文学、艺术和其他文化事业的公民的有益于人民的创造性工作，给以鼓励和帮助"的具体规范中，除技术文化技能培养外，宪法还提到了医疗卫生、体育、文化、娱乐、精神素质等各方面对公民能力素质提高的政府责任。如第二十一条规定："国家发展医疗卫生事业，发展现代医药和我国传统医药，鼓励和支持农村集体经济组织、国家企业事业组织和街道组织举办各种医疗卫生设施，开展群众性的卫生活动，保护人民健康。国家发展体育事业，开展群众性的体育活动，增强人民体质。"第二十二条规定："国家发展为人民服务、为社会主义服务的文学艺术事业、新闻广播电视事业、出版发行事业、图书馆博物馆文化馆和其他文化事业，开展群众性的文化活动。"进一步为政府提供保障职能确定了具体的内容。

国家还鼓励劳动，宪法更是明文规定劳动是公民的一项宪法义务——是一切有劳动能力的公民的光荣职责。宪法第四十二条规定："国家通过各种途径，创造劳动就业条件，加强劳动保护，改善劳动条件，并在发展生产的基础上，提高劳动报酬和福利待遇。"进而还明确指出"国家对就业前的公民进行必要的劳动就业训练"。除了鼓励劳动、积极促进就业外国家还对劳动者给予保障，宪法第四十五条对丧失劳动能力者还规定了物质帮助权。这些宪法规定都体现了国家在积极培养劳动者多方面素质能力的同时，也重视对劳动者的体恤和劳动力生产和再生产过程中的人权保障，由国家和社会"帮助安排盲、聋、哑和其他有残疾的公民的劳动、生活和教育",保证在没有完全丧失劳动能力的情况下,国家仍然要通过积极责任的履行让他们过上正常人的生活。

综上,在宪法的宏观规定中基本确立了公民社会保障与国家提供责任之间的关系。农民作为一个特殊群体,作为公民,在享有国家提供的社会保障权利的同时,由于处在二元经济结构中的弱势地位,应该获得更多的国家体恤。

(2) 从国家提供的养老保险制度看农民养老保障的国家责任

和其他国家建立养老保障制度的城乡先后顺序一样,我国也是在城镇职工享受社会养老保险制度以后,才尝试建立农村养老保险制度的。从我国农村养老保险制度实施条件的独特国情背景出发,最早在 1992 年民政部颁发了《县级农村社会养老保险基本方案(试行)》,标志着我国农村社会养老保险制度(以下简称"老农保")开始建立。建立一套普遍性、非营利性的农村养老保险制度,是以国家责任的形式承担农民养老保障的重要体现。

除了制度规范的制定和贯彻落实体现国家责任外,在农民养老保险制度的落实中,国家责任还集中体现在国家给予财政支持方面。《县级农村社会养老保险基本方案(试行)》规定农村养老保险金的筹集,"坚持以个人交纳为主,集体补助为辅,国家给予政策扶持"。然而,实践中这种倡导性而非强制性的规范,因为许多农村集体都无力或不愿补助农村养老保险而无法执行。国家给予政策扶持集中体现在乡镇企业职工参保时,集体补助部分可税前列支,实际上对于农民参保是没有直接财政支持的。因此,"集体补助为辅"难以落实,国家财政责任也同样落空。因为国家在实质上几乎不负担财政责任,所以"老农保"以政府组织引导、农民自愿参加为原则。每月 2、4、6、8、10、12、14、16、18、20 元,共 10 个交费档次的低储蓄,并以完全的个人积累账户模式运行的低回报的"老农保",势必不会得到农民的欢迎和踊跃参加。在养老保险基金运作的过程中,难以实现保值增值,致使"老农保"制度运作的可持续性减低。在实施过程中,一般的做法是将农村社会养老保险基金存入银行。但随着 1996 年下半年以来,银行利率不断下调,通货膨胀率上升,政府负担加重①，参保农户获得的实际收益率非常低，甚至为负收益率。我国绝大部分地区的农民是在没有任何补贴和补助的情况下参加"老农保"的，国家责任的缺位不仅严重打击了农民参保的积极性和信心，同时也使得该项制度失去了社会保障本身应该具有的社会广泛性和保障性。可以说，参保率低、保障水平低是国家责任缺位的直接后果。

这样，始建于 20 世纪 90 年代初的农村社会养老保险制度于 1999 年以"我国农村尚不具备普遍实行社会保险的条件"为理由被停止，至此很长一段时间内，我国农村社会养老保险事业基本处于停滞状态。

直到 2009 年 9 月 1 日，国务院发布《关于开展新型农村社会养老保险试点的指导意见》（以下简称《指导意见》），标志着"新型农村养老保险"制度在全国范围内正式启动。此项制度是在 2006 年完全取消了农业税及其附加以后的又一重要的惠民制度安排。此项制度的实施肩负着破除城乡二元结构，逐步实现基本公共服务均等化，促进社会公平正义的重大使命。当然，借鉴 20 世纪"老农保"制度实施中的经验教训，"新农保"采取"社会统筹与个人账户"相结合的制度模式，实行基础养老金和个人账户养老金相结合的待遇支付结构。个人账户由个人缴费、集体补助、政府补贴构成，个人自愿选择年缴费 100 ~ 500 元的 5 个档次，地方政府补贴标准不低于每人每年 30 元。截至 2010 年底，"新农保"参保人数达 10 277 万人，其中领取待遇人数 2 863 万人，"新农保"基金收入 453 亿元②；2009 年全国 10% 的县（市、区）"新农保"试点范围逐步从 2010 年 23% 的县（市、区）直到 2011 年扩大到全国 40% 的县（市、区），在 2011 年 6 月 20 日召开的"全国城镇居民养老保险试点工作部署暨新型社会养老保险试点经验交流会议"上，温家宝总理提出要"加快新农保试点进度，在本届政府任期内基本实现制度全覆盖"。

与"老农保"相较，"新农保"制度设置了"广覆盖、保基本"的制度近期目标，因为"新农保"采取国家财政补贴形式以构建普

---

① 刘子兰. 中国农村养老保险制度反思与重构 [J]. 管理世界, 2003 (8)：48.

② 盛学军, 刘广明. "新农保"个人缴费"捆绑制"的实践考察与理论研判 [J]. 河北法学, 2012 (3)：40.

惠制的养老保险机制。养老保险水平也相对有所提高，其中，中央确定的基础养老金标准目前为每人每月 55 元，对中西部地区全额支付基础养老金，对东部地区给予 50% 的补助。尽管如此，因为财政投入主要是靠县乡政府投入，资金投入除具有不确定性、地区分布不均性以外，更重要的是县乡普遍存在财政困难。此外，集体经济的发展程度有所不同也加大了这种地区间的非均衡性。普惠式、均等化的农村养老保险制度在实践中由于中央或省级财政统筹安排的不当而落空。

虽然"新农保"的保障水平较"老农保"有所提高，但按照目前对于已年满 60 周岁的农民提供每年 660 元的基础养老金的水平来看，不仅远远低于当前我国城镇职工基础养老保险不低于 20% 的基础养老金替代率，甚至低于某些地区的农村最低生活保障水平。由此造成"新农保"的养老保障功能严重弱化。

按照"新农保"政策提供的制度标准，2009 年假定一个人从 30 岁参保，到 30 年后享受养老保险时的个人账户养老金约为 3 700 元/年，其个人账户养老金提供的收入替代率约为 13%，如果考虑到 60 岁后个人账户养老金增长率低于农村居民人均纯收入增长率，那么个人账户养老金提供的收入替代率将会更低。[①] 对此，国家应承担更多的基础养老金补贴责任，以逐步提高农民基础养老保险的水平。这在世界很多养老保障较发达的地区几乎是通例。据统计，2003 年德国的农村社会保障预算占食品、农业和林业部总预算的 72%；法国国家财政对农村社会保障计划的投入占计划总资金的 88%，其中 30% 为国家财政直接投入；德国和奥地利的养老保险资金来源中财政支持所占比例为 70%，芬兰为 75%，希腊和波兰的这一比例高达 90%[②]。

除了"新农保"制度之外，早在 2007 年，国务院就发出通知，要求在农村全面推广最低生活保障制度，这也是宪法规定的公民物质帮助权利在农民身上得到的正式制度支持的体现。最低生活保障

① 李俊. 城镇化、老龄化背景下新型农村养老保险财务状况研究：2011 年—2050 年 [J]. 保险研究，2012 (5)：116.
② 林义. 农村社会保障的国际比较及启示研究 [M]. 北京：中国劳动保障出版社，2006. 46.

制度的原则是：既保障基本生活，又有利于克服依赖思想，各地按照当地基本生活必需品费用和财政承受能力、实事求是地确定保障标准。最低生活保障要考虑基本的衣食住费用，并适当考虑水电燃煤费用以及未成年人的义务教育费用。但在制定标准时，绝大多数区县参照的是城市的标准，其原因也同样是国家财政出资责任的阙如。

虽然国家的财政供给对于农村养老保险的建立是至关重要的，但我们必须认识到和很多经济发达地区的养老保障水平比较起来，国家的财政能力受限，加之在近 9 亿农民的庞大基数中构建新型农村养老保险制度绝非是一蹴而就的事情。对此"新农保"确立了"广覆盖、保基本"的近期目标，希望近期内实现对农村居民的普遍的基本养老保险。因此，想通过国家提供的养老保险制度解决农民养老的问题在相当长一段时期内都是不现实的。它可以提供一种养老依赖的层次，但绝非可以自行承担农民的养老问题。农村老人中的贫困问题还需要更多的渠道和方式来解决。然而国家在这个过程中除却基本的财政扶持、直接出资的责任之外，更重要的是如何调动各种资源，积极能动地实现市场、农民自身和家庭的联动，解决农民养老，体现社会公平。世界各国的养老保障福利制度也越来越注重国家财政负担之外的多元福利提供主体如何调动的问题。

6.2.2　农地流转制度下积极福利供给中的国家责任

18 世纪后期和 19 世纪早期的自由主义"把自由强调为最后的目标，而把个人强调为社会的最后实体"。而从 19 世纪后期开始，自由主义逐渐和很不相同的主张联系在一起，倾向于主要依赖国家，而不是依赖私人安排来达到目标。19 世纪的自由主义者"把扩大的自由认为是改进福利和平等的最有效的方法"，20 世纪的自由主义者则把福利和平等看作为"自由的必要条件"。① 古典自由主义作家持有的自由观从总体上说主要是一种消极自由观，而新自由主义者则援引了一种更为积极的自由观。约翰·格雷表示，其最简单明了

---

① ［美］米尔顿·弗里德曼. 资本主义与自由［M］. 张瑞玉译. 北京：商务印书馆，2004. 8.

的形式就是，"一方面是免于干涉和独立，另一方面是有权参与集体决策"①。积极自由的观点是，充分意义上的个人自由设计拥有自我实现的机会。积极自由观的政治内涵是，如果某些资源、能力或才能是有效地达成自我实现所必需的，那么拥有这些资源就必须被当作是自由本身的构成部分。正是基于此，现代修正派自由主义才为福利国家辩护，将其视为提升自由的制度。据称，这种国家赋予了个人所需的资源，从而增加了他们获得自由的机会。他们认为自由（积极自由）包含了较之享有合法的行动权利更多的内涵。自由的首要意义在于，拥有为了实现最优良的生活而采取行动的资源和机会。

　　积极福利的观点最早由吉登斯在第三条道路的阐述中提出。吉登斯认为，由消极的社会福利向积极的社会福利转变，以促进人们工作的积极措施代替消极的收入援助，由"福利国家"走向"助人自助国家"。② 政府的指导理念应该是"一个积极改革的福利国家——积极福利社会中的社会投资国家应该被理解为积极福利的开支将不再是完全由政府来创造和分配，而是由政府与其他机构（包括企业）一起通过合作来提供"③。阿玛蒂亚·森在解决贫困问题时也认为，贫困意味着贫困人口缺少获取和享有正常生活的能力，或者说贫困的真正含义是贫困人口创造收入的能力和机会的贫困，其根本原因是他们获取收入的能力受到剥夺和机会的丧失。他把贫困的范围从收入扩大到能力，拓展了贫困研究的视野和思路；④ 同时也将贫困救助的视角扩大到积极救助的层面。在新自由主义与社会民主主义的论争中提出的积极福利政策随着福利国家危机、经济危机的出现而逐渐显现出一种钟摆平衡性。

　　概括起来，积极福利供给与我们所指的消极福利提供相较，具有如下特点：

　　首先，它强调权责关系的对等。与以往消极福利相比，它更加

---

　　① ［美］约翰·格雷. 自由主义 ［M］. 曹海军，刘训练译. 长春：吉林人民出版社，2005. 81.

　　② ［英］安东尼·吉登斯. 超越左与右：激进政治的未来 ［M］. 李惠斌，杨雪冬译. 北京：社会科学文献出版社，2003. 187~190.

　　③ ［英］安东尼·吉登斯. 第三条道路：社会民主主义的复兴 ［M］. 郑戈译. 北京：北京大学出版社，2000. 132.

　　④ 张岩松. 发展与中国农村反贫困 ［M］. 北京：中国财政经济出版社，2004. 88.

侧重调动每一个主体的积极性。认为接受福利不仅仅是单一被动地接受，而是通过履行相应的义务、承担相关的责任，从而主动地获得与义务相匹配的福利保障。可以说，福利保障经历了一个从最早被济贫法确立为一种施舍与恩赐，接受救济者应以丧失相应公民权为代价；到社会保障被确立为一种公民权利，国家承担保障其公民的责任，福利保障的获得不再以公民平等性为代价；再到福利国家的发展，从"摇篮到坟墓"国家包办下，凭借公民资格就可换取诸多的福利保障的过程。由此在福利供给与需求之间，在经济周期的作用之下，在福利国家引致的道德风险不断变为现实的情况下，出现从福利国家的危机到公民权利的获得并非毫无限制的积极福利，它要求公民相应地以履行义务为条件而获得福利保障权利，强调国家在履行福利供给职责中的使能调动。正是随着历史的发展，"工业化进程所带来的工业社会的风险……导致国家功能观念的变革和国家行为方式的转变"①。强调权利不是绝对的，而是相对的，权利不是无条件的，而是以履行义务为前提的。没有无权利的义务，也没有无义务的权利。

其次，重视使能原则。为充分发挥每个主体的潜能，它以此为假设——大部分福利保障的需求者都有自己潜能发挥的空间，当然，并不否认为公民提供必要的无条件的帮助。但积极福利的供给强调的就是注重人的发展。在我国以人为本、以人为中心，关注每个人的个人实现，保障个人价值充分体现的政策宗旨下，积极福利政策就更有可为的空间和优良的政治土壤。以每个人的充分全面发展为指导，从仅仅提供物质帮助到注重能力培养，从单纯的事后救济到事先预防，从解决生存到关注发展，这是积极福利供给的典型特征。政府一方的福利提供也从事事亲为、全程包办的直接供给方式转变为规划整体、促进弱势、鼓励个体自助、调控社会和谐的间接供给方式。

再次，积极福利供给强调机会均等。认为现代社会中人们的不平等是起点不平等导致的结果不平等。在承认差别的福利待遇的前提下，以矫正起点的不平等，侧重创造机会均等的环境。所以，积极福利政策也就具有了较强的包容性。倡导积极的福利政策，最好

---

① 周弘. 福利国家向何处去 [J]. 中国社会科学，2001 (3)：95.

不直接提供经济资助。强调对弱者的技能、教育、资产及其他能力建设的帮助。主张实现自助与互助，利于社会融合，促进社会团结。由此，政府的责任范围相较于消极福利供给有所扩大。正如艾斯平－安德森所认为的，未来福利国家很可能是这样的国家："它将社会公民权利的重点从它当下对收入维持的关注转移到为享受终生教育并获得资格的一组权利上去。"①

农地流转以后形成了土地经营权的自由交易和个人收益的满足。一方面让流出农户享有更多的土地经营权主体所享有的土地资本收益，扩大了收入来源，也为其资产投资提供了一种积累资本，为其进城务工确立了一部分生活保障；另一方面，流入农户也获得了由法律所保障的稳定的土地经营权，通过规模经营和农场式作业形成财产的市场优化配置。此外，伴随着农村家庭联产承包责任制形成的以家庭为主的经营模式的发展，农村非组织化的社会结构加上基层政权组织权力资源与威信的普遍下降，农村集体经济一落千丈，过去集体制下所提供的公共服务普遍衰落，养老、医疗等问题成为农民现实生活中的危机。面对越来越难承受的重负，解决路径不应该是只依赖国家的直接资助，还应该从根本上改变农村经济现状。比如家庭农场的发展还会形成类似农场协会等资源联合主体，为农村现今的社区提供新鲜元素，由其所提供的集体经济的供养也会为农民养老提供较好的支持。

杰斐逊主张政府的存在价值不在于保护财产不受侵犯，相反，是为了促进财产的获得。如果从更广泛的意义上说，是为了促进机会的获得，助力可以获得财产的机会的形成。基于此，他将洛克对公民"生命、自由、财产的权利"改为《独立宣言》中著名的公民都有"生命、自由和追求幸福的权利"。② 可以说更多的、更大限度的财产自由，会提升人们拥有更大限度的行动自由。政府要做的就是如何促进财产价值的获得，并促进财产价值的增值。财产权利的释放或归还让农民真正享用其土地的收益，又可以促进财产在自由

---

① ［丹麦］考斯塔·艾斯平－安德森. 转变中的福利国家［M］. 周晓亮译. 重庆: 重庆出版社，2003.312.

② ［美］斯蒂芬·L. 埃尔金等编. 新宪政论［M］. 周叶谦译. 北京: 生活·读书·新知三联书店，1997.118.

流转中实现"物尽其用"，完成市场资源配置的最优化组合，从而消除贫困。

在谈到农村老年人的养老问题时，我们大都不会忽视我国城乡二元结构下农村老年人自力养老条件不足的现实问题。所以在今天解决农村老年贫困，养老权无以为继问题的时候，国家除了提供能力范围内的保障供给以外，其更重要的任务是如何提升老年农民与养老权实现相关的各种权利、能力。换言之，一方面，农民养老权的实现要依赖政府直接提供保障供给，承担农民养老的国家责任；另一方面，国家责任除了直接福利的提供外，我们更加希望国家能够通过积极福利、助人自助的方式，通过制度安排，确保公民有自我实现养老权的能力，最终保障养老权的实现。如养老权一样的社会权虽然一般规定在宪法中却不由法院来实施，它更像一项"政策指导原则"，印度宪法第三十七条就规定："在国家治理中至关重要，国家有义务在制定法律时使用这些原则。"① 所以与其说这些条款属于权利，毋宁说"宪法要求国家为人民提供美好生活"②。通过一定的制度安排来实现养老权应该成为各国政府的通例。因此，农民的土地财产权正是作为一种制度安排，让农民养老权的实现有了可以依托的实质资源。而农地流转的制度供给可以从某种意义上完善这一内容，即用完整、自由的土地财产权利实现养老权。农民在年老时因身体健康和劳作时间的限制无法通过正常的耕作劳动而获得养老权实现权能的前提下，通过能力建设（尤指财产能力或经济能力）、财产权的保障行使进行的能力补足是国家责任的另一种体现。通过与养老权利的其他相关权利，尤其是土地财产权利的保障实现农民养老的基本保障是以发挥政府积极能动作用为特征的积极福利供给。在农民社会养老保障不能提供充分保障的前提下，这一制度看起来只是一个权宜之计；但从福利提供方式、福利国家未来发展趋势的角度分析，这一制度安排却恰恰是能够结合多方主体、协调制度合理运行的长久打算。

积极的福利政策强调的是一种积极态度和以发展能力为要旨的

---

① 郑贤君. 基本权利原理 [M]. 北京：法律出版社，2010.84.
② ［美］路易斯·亨金等编. 宪政与权利 [M]. 郑戈译. 北京：生活·读书·新知三联书店，1996.114.

福利主张，以解决自助与互助的和谐关系为宗旨的政府作为。与积极福利相对称的消极福利指的并不是国家的消极不作为和怠行国家职能。它同样可能是作为的，只不过它不以使能原则和权利义务对等原则为要求，偏重事后救济与物质救济的非能力供给。我们认为，在积极福利供给制度的构建中，国家应承担很多积极的职能，这是毋庸置疑的，但这并不意味着一个集权的政府。所以我们区分提供积极福利和消极福利政策的政府的不同之处并不在于作为还是不作为，而更重要的是一种态度以及在这种态度指导下的供给方式。积极职能的履行强调的是政府在福利供给中通过积极福利政策的制定，广泛调动多方主体，鼓励、引导、帮助、支持他们在各自优势条件下提供高效高质的福利内容。政府的积极态度与强大的权力集中、事事包揽恰恰是不相容的，而与福利多元主义的责任分化暗合。

国家提供福利要求有足够的财政支持与其他充足的资源供给，而事事亲为、全程包办的福利提供显然会超出其能力限度，同时与政府职能的本身"掌舵者"身份不符。在我国目前的国情下，国家对农民社会养老保障的投入在 GDP 适当比例下的资金有限性，使得政府提供不分主次、既广泛又高水平的福利是不可能的。在"造血"胜于"输血"的积极福利供给政策的倡导下，如何将政府有限的财政能力更有效地发挥成为关键。政府有限的能力可以通过治理机制得到提高，将视角移向公共管理和社会治理，引导政府通过改革学习"如何与非政府组织握手"和"怎样到市场中去散步"①，引导市场、开放农民的自治组织，让农民的利益形成集团性代表，增进农民基本权利表达的能力，促进社区建设，从而提高政府有限财政能力下供给福利产品的能力，并能够强化政府供给的责任。

6.3 农地流转制度提供农民自愿联合经济主体形成的契机

追溯财产权制度（大陆法系也称为物权制度）发展的历史，我

---

① 杨燕绥，阎中兴等. 政府与社会保障：关于政府社会保障责任的思考［M］. 北京：中国劳动社会保障出版社，2007. 57.

们会发现财产权体系从传统上可分为罗马法体系，即发展为日后的大陆法系和日耳曼物权法体系，后者对英美法系产生了深刻影响。前者明确的个人"所有权"让财产权在权利归属的界分上非常清晰；而后者则以财产权的利用为重心，构建了财产权制度的"团体主义"。① 但随着对资源利用的稀缺性认识的理性化发展，以及资源利用的技术性增强，通过合作利用、发挥专业技术特长的方式使财产价值在满足多方需求的同时实现更高的利用效能，成为两大法系渐趋融合共同走向财产的"利用"的立法取向的重要原因。《土地承包法》与《物权法》都力图扩大农民个体相对于集体的土地财产权，方向上虽是从集体到个人，但权能上却强调承包经营权的独立享有，赋予其物权化特征，让所有权优越于使用权的历史得到改写，并且明确了集体在经营使用权中退出。换言之，集体享有的土地所有权虽被法律不断强化，但被能够对财产价值实现重大影响的"财产利用价值"挤压，使农户之间的"单兵作战"没有了新的权利保障单位。实际上没有一个维护农民利益的组织可以对农民所享有的农地支配权、使用权进行保护，那么法律所赋予的权利也只能是纸面上的、毫无意义的权利，实践中农民的财产权益仍然无法实现。因此"确认财产权只是划定我们免于压迫的私人领域的第一步"②。财产权的实现要由财产权权能的发展和使用不同财产权能的主体的不断分化、联合而形成利益团体，从而更好地将财产权利进行拓展和广泛运用。

6.3.1 农地流转中的农民与集体：基于产权分割关系

农地流转过程中出现最多的问题就是谁才是权利的主体。在农村产权界定的历史梳理中我们要慎重地剖析农民与集体之间的关系。

根据现行宪法第十条规定："农村和城市郊区的土地，除由法律规定属于国家所有的以外，属于集体所有；宅基地和自留地、自留山，也属于集体所有。"集体是法律条文出现的概念，它究竟是指谁？《民法通则》第七十四条规定"集体所有的土地依照法律属于

① 房绍坤，丁海湖，张洪伟. 用益物权三论 [J]. 中国法学，1996（2）：91～92.
② [美] 安东尼·奥格斯. 财产权与经济活动自由 [C]. [美] 路易斯·亨金等编. 宪政与权利 [M]. 郑戈译. 北京：生活·读书·新知三联书店：1996.154.

村农民集体所有，由村农业生产合作社等农业集体经济组织或者村民委员会经营管理。已经属于乡（镇）农民集体经济组织所有的，可以属于乡（镇）农民集体所有。"这里的解释是"集体所有是属于村农民集体所有"，还是没有解释清楚集体到底是什么组织。集体的概念我们恐怕要简要地回顾中国乡村政权建构的历史才能梳理清晰。我国传统的乡村是一个国家管理与乡绅阶层自治管理并存的社会。通常国家管理没有渗入到社会底层。20 世纪 50 年代的集体化，人民公社建立，集体的概念产生。采取的是"政社合一"的管理体制，高度集权下，农民作为社员群众不能自主支配自己的劳动产品，通过对公社的依附形成对土地的依赖。"政社合一"的人民公社解体以后，在农村基层又恢复了乡镇建制，国家政权只是延伸到乡镇一级。

80 年代初，包产到户得到推广，公社体制不能与之适应，公共服务和公共产品的提供空乏。在广西一些地方，村民尝试由自己通过民主选举的方式自我管理。这一做法被国家政权所承认，成为村民自治的先例。此后形成村民自治制度。① 所以，在村一级没有设置地方政府，国家政权仍然没有统摄这一层级，留给农民发挥村民自治的空间。所以村民基层群众自治组织——村委会是设在过去生产大队所涉及的农民社区范围内的。1984 年人民公社正式退出了历史的舞台，生产大队、生产队虽然作为单纯的经济组织而保留下来，却失去了过去作为政权组织的身份。概言之，在村一级没有政权组织，有的是一个自治组织和集体经济组织。只是设置了乡、镇政府作为最基层的人民政府，或者说，生产大队、生产队的相应职能也从经济组织、政权组织变为单纯的经济组织。中央政府在最基层的村，包括村以下都没有设置一级地方政府，也没有设置派出机关。为了实现村民自治，在过去的生产大队所涉及的农民的社区组成村，设村民委员会，作为农村居民的群众自治组织，过去的生产队则演变为村民小组。

集体是一个抽象的概念，在集体化时代它以人民公社为典型指

____

① 徐勇. 农民改变中国：基层社会与创造性政治——对农民政治行为经典模式的超越 [J]. 学术月刊，2009（5）：10.

征；到了现在，法律在提到集体这个概念的时候多数都是指征村委会和村内的集体经济组织。然而1998年的《土地管理法》第十条规定："农民集体所有的土地依法属于村农民集体所有，由村集体经济组织或者村民委员会经营、管理；已经分别属于村内两个以上农业集体经济组织的农民集体所有的，由村内各该农业集体经济组织或者村民小组经营、管理；已经属于乡（镇）农民集体经济组织所有的，由乡（镇）农民集体经济组织经营、管理。"至此，问题又产生了，就是农民集体组织是代为经营、管理集体所有的土地，还是集体土地的所有人？如果判断是集体所有制的产权主体，那么"农民集体组织究竟是村委会还是村民小组，法律没有写明"①。

集体所有的行使产权的形式总的说是比较明确的，即由集体组织来进行管理。但是，农民个体与集体之间到底是什么关系？

《土地管理法》对经营权流转有一个村民个体行使表决权的规定，体现在第十四条中："农民集体所有的土地由本集体经济组织的成员承包经营，从事种植业、林业、畜牧业、渔业生产……发包方和承包方应当订立承包合同，约定双方的权利和义务……在土地承包经营期限内，对个别承包经营者之间承包的土地进行适当调整的，必须经村民会议三分之二以上成员或者三分之二以上村民代表的同意，并报乡（镇）人民政府和县级人民政府农业行政主管部门批准。"以及第十五条中："农民集体所有的土地由本集体经济组织以外的单位或者个人承包经营的，必须经村民会议三分之二以上成员或者三分之二以上村民代表的同意，并报乡（镇）人民政府批准。"这很容易让人联想到农民个体的联合就是集体，集体的所有权是一个个农民所有权的联合。其实这是一种误读。析清这一问题就要弄清楚土地所有权的形态问题。《农村土地承包法》、《物权法》等相关法律都涉及农地归农民集体所有究竟是共有还是独有的问题。

按照民法对动产或不动产所有权的研究，认为所有权形态是随着社会变迁和经济发展对物尽其用的要求，渐渐演变成今日之状态的。其实所有权的形态是因为所有权本身存在着不同的社会功能，

---

① 陈锡文. 关于我国农村的村民自治制度和土地制度的几个问题［J］. 经济社会体制比较，2001（5）：16.

对社会经济调整与界分也产生着不同的作用。① 土地所有权本身也应该将以土地为中心建立的社会关系的构建中的"地尽其力，人尽其能"视为原则，围绕土地财产价值的最大化而发展。世界各国的所有权形态大体可以分为两类：一为单独所有；一为共有，共有又分为共同共有与按份共有。土地集体所有产生的农民个体决议的问题，很容易误解为"全体农民共同所有"。对于这一问题，笔者将通过反面求证的进路说明其既不是共同共有也不是按份共有。

《物权法》第九十五条规定，共同共有人对共有的不动产或者动产共同享有所有权。共同共有成立的原因是基于共同关系的数人，共享一物所有权的制度。② 共同共有人之间对共有物不分份额地占有，共有存续期间在共有物之上不存在份额的区分。各共有人对共有财产享有平等的权利，承担平等的义务。如果集体土地是全体农民集体所有，不分份额地共同享有对土地的所有权，那么就要将农民的集体所有理解为共同共有了，各共有人平等地对土地享有权利。但共同共有关系一旦解体，各共有人就可以分割共有财产了，各共有人的份额就是确定的。如果确立土地集体所有的性质不变，就会产生理论上又承认私有，又要维护公有了。所以尽管所有集体成员构成了集体，但集体成员并不享有对集体财产的所有权。

那么集体所有是否属于按份共有呢？根据《物权法》第九十四条规定，按份共有人对共有的不动产或者动产按照其份额享有所有权。这里比共同共有存在更明显的"份额"问题。集体公有制中的土地财产所有权不能量化为个人的份额，因为农民个人对集体的财产，只有"集体"的所有权，尽管农民是"集体"成员，但没有确定个人份额的所有权。多人共有一物，问题是如何管理该物？可以肯定的是，行使所有权时与单独所有相比要求对共有物的管理要更加尊重其他每一个共有人的意志。换言之，其他共有人的意志对于共有物的使用、保存、改良、收益、处置都有约束力。

按份共有起源于罗马法。因为罗马法贯彻所有权绝对之原则，因此对于个人享有的物权以尊重个人对物的绝对所有为基础，产生

① 李显冬. 中国物权法要义与案例释解 [M]. 北京：法律出版社，2007. 205.
② 梁慧星，陈华彬. 物权法 [M]. 北京：法律出版社，2003. 249.

各共有人之间也享有所有权的全部权能，没有过多的限制。但在一物一权的更高物权原则下，受到共有人主体多元性限制，按份共有中各共有人行使权利时要受到比单独所有更多的限制。所有权自由变窄的同时，按份共有人的权利得到一定的尊重。按份共有的产生和价值理念启发我们将共有的存在与独有相比，在注重权利自由的同时，还要注重共有人之间的相互关系问题。这也正是《土地承包法》在规定对土地权利有重大影响的行为时，对集体成员意见的尊重。因为集体是个抽象的概念，在落实为具体行动的过程中，集体成员的主体性更为突出一些，体现了村民自治的特点，但并不能从这一特征上来判断农地的本质——所有权的属性和形态。

6.3.2 在集体公有制下以农地流转为契机，构建新的集体经济组织的可能性

上述我们从反证的角度论证了我国农地所有权的形态不是共同共有，也不是按份共有，那么它只能是单独所有了。单独所有是所有权的原初形态。现代民法的单独所有是对所有权主体独立自主人格的肯定宣示，所有权从部落、家族的束缚中挣脱出来。所有权人在法令限制的范围内自由行使。[①] 农村土地实行集体所有权制度，按照《土地管理法》的规定，农民集体是产权所有人。但因为农地产权制度变迁的连续性和惯性，当人民公社解体以后，有的地方仍然以原来的生产队为核算单位；有的地方以生产大队为基本核算单位，生产队代之以村民小组继续履行经济职能。作为集体经济组织，生产大队转化为村的范围，人民公社转化为乡镇。这样就不难理解《土地管理法》制定时考虑到区域差异和历史因素，对农民集体所有的问题所做的分层化规制了。[②] 但是必须清醒地认识到，虽然做出了多元分层化的规定，但不变的还是各层次内的农民集体所有，即所有权主体没有发生变化，仅仅是行使管理权的主体——集体组织在地域差异中有区别。那么我们的初始问题，农民集体所有是共有还

---

① 王泽鉴. 民法物权 I · 通则 · 所有权 [M]. 北京：中国政法大学出版社，2001. 321.

② 赵阳. 共有与私用：中国农地产权制度的经济学分析 [M]. 北京：生活·读书·新知三联书店，2007. 80.

是独有的问题，就比较清晰了。"农民集体"与"农民集体组织"在概念的内涵和外延上有本质的区别，农民集体既不是集体经济组织，也不是集体行政组织或村民自治组织。也就是说，上述组织都没有土地所有权，它们只能经营管理属于"农民集体所有"的土地。"集体土地所有权是一种在成立范围上被严格限定的所有权。"① 因此农民集体所有是一种有中国特色的公有制，但它所体现的产权形态是独有。我们必须清楚的是公有与私有，以及共有与独有之间的界分。

虽然所有权主体是清晰明确的，但接下来的问题是"农民集体"不是法律上的"组织"，而是全体农民的集合，是一个抽象的概念。从法律人格意义上讲只能视之为集合群体。它带有公有制理论的政治色彩，并不是严格意义上的法律关系的主体。要确定公有制不动摇的框架下解决这一土地财产权主体的问题，我们势必要去深化集体经济组织的探讨。同时，我们还可以在现有制度环境中找寻农民新的经济组织。

为了实现三级所有，1962年9月中共第八届中央委员会通过的《农村人民公社工作条例》（修正草案）在第四章规定："生产队是人民公社中的基本核算单位。它实行独立核算、自负盈亏，直接组织生产，组织收益的分配。"事实上，政社合一的体制改革之前，我国农村的实际享有产权的主体落实为生产队，公社与大队两级并没有成为真正的经济实体。据国家统计局1981年公布的统计数据，我国农村99%以上是以生产队为基本核算单位，90%以上的土地归生产队所有。后生产队改为生产小组，但在家庭经营中失去了它作为集体经济组织进行组织生产、统一调配的功能。从农业发展的历史过程中发现，纯粹的经济组织和行政组织或村民自治组织相较更能够成为实施农业经济决策、政经分离的独立产权人。但我们同时发现，现在农村真正意义上的农业集体经济组织根本就不存在，合作化时期产生的生产队作为集体经济的生产单位已经不再适应新时期农业发展的要求了。而所谓的农业集体经济组织如果在法律上能够成为民商事主体的话，那么它必须有一定的组织机构、管理人员、

---

① ［日］小川竹一. 中国集体土地所有权论［J］. 比较法研究，2007（5）：146.

独立的资金。只有这样，它才具备一定的民事权利能力和民事行为能力，并能够以自己名义独立承担民事责任。

当土地经营权进行流转，而流转过程中出现的适度规模经营需要有农民依托的组织进行市场化运行的时候，我们势必要构建新时期农业经营组织，以解决农民个人与其他市场主体间的利益关系问题。刘俊提出："纵然承包土地使用权在当前的立法中有一定的物权表征，如对承包土地的占有、使用、收益等，但与社会保障性相比显然居于次要的地位，甚至不能将其称为物权。"[1] 我们认为土地承包经营权具有生存保障功能并不意味着它的物权属性不纯粹，相反正是为了更充分地实现土地的保障功能，才要更好地保障土地承包经营权的物权属性得到贯彻。作为用益物权的土地承包经营权，各主体通过不受非法干涉地用益土地，实现土地的最高效用来发挥土地保障功能，二者并不矛盾。更为关键的是我们将承包权与经营权分离，让分离后的经营主体和承包农户都能够在土地财产的流转中受益。马克思对土地产权的分离是持肯定态度的，他不仅指出了土地产权是可以分离的，而且确立了分离的基本原则。分离和独立后的土地产权既要在经济上获得实现，又要使土地产权的分离和独立形成新的经济关系，否则这种分离独立就没有意义。[2] 如果要想形成分离后的独立的新的经济关系，农民自组织的形成就是重要的路径选择。

过去的传统惯性是村民行使产权权能时依赖村社。村社往往以为了整体利益的名义"合理"地对农民个人财产权施加限制。[3] 土地股份合作制、两田制和反租倒包形式的土地流转形态，都是村集体拿走了农民拥有的部分土地使用权（控制权），造成农民土地财产收益权受到侵犯。[4] 究其原因不能不慨叹村民小组后再没有能够维护农民的经济组织了，没有法律地位的村民小组的权利往往被村委会、

---

① 刘俊. 土地承包经营权性质探讨 [J]. 现代法学, 2007 (2)：175.

② 邵彦敏. 马克思土地产权理论的逻辑内涵及当代价值 [J]. 马克思主义与现实, 2006 (3)：149~150.

③ 张静. 村社土地的集体支配问题 [J]. 浙江学刊, 2002 (2)：32.

④ 赵阳. 共有与私用：中国农地产权制度的经济学分析 [M]. 北京：生活·读书·新知三联书店, 2007.132.

村主任甚至其他上级的行政主体所侵占。亚当·斯密在《国富论》中的一段话似乎可以启发我们认清政府越俎代庖地替代农民进行资源配置的歧路。"如果政治家企图指导私人应如何运用他们的资本，那不仅是自寻烦恼地去注意最不需要注意的问题，而且采取一种不能放心地委托给任何人，也不能放心地委之于任何委员会或参议员的权力。把这种权力交给一个大言不惭的、荒唐的自认为有资格行使的人是再危险没有了。"① 农地流转过程中形成的土地财产利益很容易被农民之外的主体所瓜分，还有公司、企业进行流入的过程其实也会因为农民的弱势而强烈冲击农民的生活方式。对于这些问题，农民极有必要形成自愿联合。

杜润生先生对当时的人民公社是否是农民的组织评述道："在农民眼里，它已不是农民自己的组织。农业合作社担负征购任务，行为国家化。为了保障粮食生产和粮食收购计划，不得不控制播种面积；为了维护集体生产，不得不控制劳动力；为了控制劳动力，又不得不限制各种家庭副业和自留经济。"② 看来农民自己的组织是要能够代表农民利益的组织。农民自己的经济组织是以维护农民自身经济利益为出发点的。在农地流转制度下，很难形成不同利益主体间的联合，出于土地连片经营的需要而产生的农民利益联合组织应该是怎样的形式呢？

实际上新中国农业合作化早期，初级社或农业互助组的发展除却政治意图之外，有很多可取之处。在农民熟悉的社区之内，形成20~30人的组合，较强的人合性抵御了资合要素对农民的欺占。在土地有闲置的前提下，农民可以通过经营权转让，在平等地位基础之上，客观地将彼此利益反映在经营土地的收益分配中，避免组织的利益寻租和道德风险问题。在生产领域进行一种公共选择，如均衡不同的用地、流转土地的意愿，促成公平流转协议，在农户家庭的适当联合中形成合作并保障能够履行合作契约和违约后的责任分担等，无论是交易成本还是交易风险都较小，并有助于调动农民的

---

① [英]亚当·斯密. 国民财富的性质和原因的研究（下卷）[M]. 郭大力等译. 北京：商务印书馆，1994. 27.

② 杜润生. 杜润生自述：中国农村体制变革重大决策记[M]. 北京：人民出版社，2005. 43.

积极性。另外从财产权平等实现的角度来讲，我们认为财产权的实现是人们在自愿和平等的主体性得到承认的基础上才能形成的一种财产安全和内心安宁的人与人之间的关系。因此类似于家庭农场或农业私营企业的组织形式可以保障财产实现的平等自愿，可以不受侵夺地完成财产权与养老权的联通；同时也可以在农村中培养和发展一部分有能力、懂经营、懂技术的农业骨干；通过农业致富成为市场主体，在农业机械的购置、农田水利的兴建和农产品加工业的建立等方面可以进行自愿互利基础上的联合，实现农业现代化。实际上"现代化过程在某种程度上说就是土地增值和土地资本化的过程"①。在土地向专业农户集中的过程中实现规模经营和集约经营的渐进路径，为土地产出的收益增值，形成土地财产流转的现实收益，对无力耕作的农民提供基本的养老支持。

卢梭认为，人在自然或生理上的不平等，以及精神或政治上的不平等都会造成经济上的不平等；同样，经济上的不平等，有时也是造成政治和精神不平等的原因。②然而在现阶段农业经济中出现的资本和市场逐步取代行政计划和命令的过程中，社会利益层面出现了利益分殊，利益多元化的格局日益明显：一方面，农民要朝着市场主体的身份发生转变；另一方面，不同的利益诉求和价值取向的多元价值要实现自由竞争和共生共荣，自然还需要矫正这种不平等。这就要求我们更多地寻求帮助弱势的制度安排，让他们的联合和有限度地开放市场成为可能，对农民自愿形成的经济联合进行鼓励、支持和帮助。而随着市场的渗透，以血缘、身份、地域为联结纽带的传统社会所缺乏的人的独立性，势必被人口迁移流动后的契约思想所冲蚀。同样，思想的巨变会催生制度的变化。农地流转的过程中，民主经济运行实践的本身也是在不断地培养民主的精神。农户之间因共同的经济利益进行讨论，集体决策；在农地流转选择流入户时的仔细甄别、权衡以及对未来收益的谈判；出现争议时的矛盾化解、纠纷解决，流转实践的反思与逐步完善。这些共同参与的每

---

① 张晓山. 走中国特色农业现代化道路：关于农村土地资源利用的几个问题 [J]. 学术研究，2008（1）：75.

② [法] 卢梭. 论人类不平等的起源和基础 [M]. 李常山译，北京：商务印书馆，1962.70.

一个环节都是民主的体现，同时由于人们共同的参与而对农地流转的过程有更多的信息掌握和清晰的认识，这本身也在培养着人们的民主精神，让民主的经济制度更健康地运作。在农地流转中形成的农民自愿利益组合提供的民主的机会里，因为与自己的利益休戚相关而有激励，因为自由地行使权利会出现效益上的差别，因此选择联合使用权利，通过民主形式保护自己的权益成为可能。在实现农民对土地财产权的珍视，实现土地财产权的真正价值的问题上，农民享有民主表达、民主决议的权利是非常必要的。因此，农地流转给农民，无论是给土地流出者还是给土地流入者都提供了契机，新的利益联合将形成。

6.4　农地流转能增强农民自力养老能力，引导家庭养老新关系

人口学上关于"自我养老的概念有两种表述。一种是指不依靠子女、亲属，也不依赖（或无从依赖）退休金的养老方式，其主要靠储蓄养老或劳动收入及其他收入（租金、股金）来维持养老生计的养老模式。第二种，被称作自力养老是指通过退而不休的方式为主的养老"①。本书认为，对农民而言，一是无所谓退休与否，二是农民劳动能力衰减后能够发挥老年优势的情形并不多，所以笔者所主张的农民自力养老是通过自己提供经济支持实现养老的方式。因为养老除了经济支持之外还包括精神慰藉和生活照料，所以完全依靠农民自己的养老模式是不现实的，它仅仅是一种方式，并不排斥其他养老形式的支持，现阶段尤其是与家庭养老的支持相配合。

在土地上耕作的老人通常是以自己是否能耕种为界限，决定是依靠土地生活还是几乎完全依赖家庭养老。可以依赖自己的时候，农民都会选择依靠自己的劳动支持养老。这种方式除了对于土地劳作的体力支出对农民老年生活的不人道之外，还有回归家庭后，产生因为不能进行农业生产而丧失重要经济来源的问题。随着年龄的

---

① 穆光宗，姚远. 探索中国特色的综合解决老龄问题的未来之路——"全国家庭养老与社会化养老服务研讨会"纪要 [J]. 人口与经济，1999（2）：59.

增长，农村老年人的可支配性资源逐渐减少，健康状况下降，生活自理能力随之下降，这都让老年人在与子女之间的代际交换中处于绝对弱势，最终得到的代际养老支持受限，获得的家庭尊重减少。

农民在能力所及的范围内选择自力养老的原因何在？

首先，现代家庭发生变化，子女的养老意愿降低。老人出于自尊和自立的人格考虑，选择自力养老，在无奈中降低自己的生活需求，通过土地耕种满足基本"吃饭"要求。在当代社会中，市场经济的影响同样深入家庭内部。年长者在家庭中的地位因为其经济收入而受到影响。很多农村老人都在自己与时代脱节、阅历有限的自卑中慨叹能够为子女做的太少，反而要子女负上养老的重担。20世纪80年代以来随着改革开放政策的深入和市场机制的引入，传统的家庭制度随着非西方社会和农业社会里的工业化、城市化以及商品化的不断增长而西化，家庭制度正在经历着世界范围的趋同。① 传统的孝顺观念淡薄，传统家族中的父子奉养行为在实践中则遵循"三位一体"的运作逻辑，即通过家庭权力机制、道德伦理机制和法律惩罚机制共同保证儿子（媳）对老年父母的代际支持②都不同程度地受到减损。"家庭养老的形式始终存在，其文化内核——崇老文化则随社会的变革而变化。"③ 子女多因为老人大多无固定收入，无论是吃穿用住，还是疾病治疗都需要经济上的花费，都把老人当作"只进不出"的家庭负累。子女的不情愿反映为老年人不再受尊重、与家庭的决策中心脱离、生活标准降低等。为了自尊和自立的人格考虑，很多老年农民都宁愿降低生活标准来减少自己对子女造成的负担。

其实，来自对子女养老意愿的担忧而选择自力养老的方式，在市场因素影响之前就存在。李飞龙从历史角度分析农村中多子家庭的婚姻和养老特征时指出，父母都是和最后结婚的小儿子一起生活。在生活的过程中，父母在身体还健康的时候会帮助小儿子，作为劳动力而有益于家庭经济的经营；但当父母衰老时，小儿子则希望所

① William J. Goode. *World Revolution and Family Patterns* [M]. New York：Free Press，1963. 7 – 24.
② 高华，张明泽. 刍议当前农村多子女家庭中的女儿养老现象 [J]. 湖北社会科学，2012（3）：56.
③ 姚远. 对中国家庭养老弱化的文化诠释 [J]. 人口研究，1998（9）：49.

有的兄弟共同分担养老。面对这种情况父母就会选择在所有的儿子结婚后自己独立生活，积累养老所需。[①]

其次，传统亲代对子代的关爱，与子代对亲代的尽孝之心仍然存在，但子女的养老能力相对下降。生育率的降低，让现在的农村老年人一改过去子女较多，"东方不亮西方亮"的家庭养老指望。风笑天在分析当代独生子女家庭养老面临着严重的现实困境时指出，"现实社会已失去了传统中国家庭养老模式的客观基础"[②]。有研究指出，子女能够面对现实，正视自己的养老责任，也有回馈父母的积极态度。[③]

再如前文提到的新农保制度中设置的"捆绑机制"，政府的制度性保障安排是建立在家庭保障基础之上的。对于父母是否领取养老金来讲，很多子女都认为是个难题。笔者认为，其所反映的不是子女养老意愿的问题，反而恰恰是能力问题。因此对于现实生活中出现的子女赡养问题则不能仅在道德上进行究因，还要探寻现象背后更深层的经济、社会结构、生活方式等原因。其中由于工业化初期，劳动分工的分层化明显，加之中国城乡二元结构积累的城乡不平衡由来已久，在食品、医疗、服务消费都大幅度上升的情况下，子女赡养老人很容易产生供给不能的问题。当今中国农村产生赡养纠纷案件主要因素就是家庭条件差，赡养案件集中在经济条件相对困难的部分农村。一方面，子女外出务工受到自身条件的限制，收入通常也比较低微；另一方面，长期的务工生活让老人的生活照料问题堪忧。此外农村还出现了子女老龄化的现象。同为老年人，赡养能力同样受到影响。

再次，老人在家庭互换中的交易能力减弱。传统农业家庭中家长的地位是建立在财富权利的基础上的。[④] 而与传统家庭关系中的亲

---

①　李飞龙. 1950—80 年代中国农村分家析户的历史考察［J］. 古今农业，2011
(2)：14～15.

②　风笑天. 从"依赖养老"到"独立养老"——独生子女家庭养老观念的重要选
择［J］. 河北学刊，2006 (5)：83.

③　董小苹. 反哺的两难——独生子女赡养意识和赡养能力的分析［J］. 当代青年研
究，1998 (2)：11～12.

④　［英］莫里斯·弗里德曼. 中国东南的宗族组织［M］. 刘晓春译. 上海：上海人
民出版社，2000.29～30.

子之间的代际互动相比，现代家庭中子女多不是通过分家产而取得个人财产积累的，所以传统家庭中以分田分产后作为子女赡养的给付条件，谁继承谁养老的这种利益交换落空。

不仅如此，传统农民在亲代与子代之间有着稳定的职业联系，甚至在同一块土地上世代耕种，对土地的知识和耕作的经验都来自于亲代。而如今年轻劳动力外流，从事非农职业，造成代与代之间的职业相关性减弱，老年农民的职业智慧不能在累积后实现延续与分享。综上，无论是有形的物质财产，还是无形的知识传承都因职业选择的区别而失去了价值，进而使得亲代丧失了重要的代际交换内容，使得代际互惠发生断裂。

贝克尔用经济研究方法分析家庭生活中的理性选择问题。在其著作《家庭论》中，贝克尔指出："利己主义较为普遍地存在于市场交换中，而利他主义则较为普遍地存在于家庭生活中。"并且通过论证得出"对子女的利他主义多半是从一代人传给下一代人，并且代代相传"[1] 的结论。同时他也指出资本市场的限制减少了贫穷家庭对孩子的投资。[2] 如果农地财产可以实现市场化运作并形成资本价值的话，对很多农村家庭而言，在子女的教育、成长投资中就多了一个资金来源，为子女投资和子女的反馈回报形成了良好的家庭养老关系。在家庭互动关系中，由父母通过土地财产运作而启动子女的教育投入，这在一定意义上可谓是亲代自力养老的间接表现方式。

在农地流转的过程中，一方面，无力耕种土地的老人可以通过流出土地为自己提供养老资源，形成土地财产性收入，减少子女的养老压力；另一方面，子女也可以通过外出务工后将闲置农地以流转方式实现土地财产价值，形成养老供给来源。因此除了上面提到的通过土地财产价值实现对子代投入，为自己老年生活进行投资，提高老年交换能力之外；还可以通过农地流转实现对子代养老能力不足的补益；也能适应新的家庭变革增强自身的独立性与有尊严地生活的能力。总之，农地流转使得农民自力养老成为可能，在家庭

---

① ［美］加里·斯坦利·贝克尔. 家庭论［M］. 王献生，王宇译，北京：商务印书馆，2005. 354～359.

② ［美］加里·斯坦利·贝克尔. 家庭论［M］. 王献生，王宇译，北京：商务印书馆，2005. 319.

养老中成为其中的重要因素，而不是对立的模式，进而改善或构建和谐的家庭关系。

马克思提出人类社会三阶段的发展理论：人与人依赖的社会，以物为基础的人的独立性的社会和人的自由个性全面发展的社会。笔者认为我们现在要在农民养老问题中做到的就是努力实现以物为基础的人的独立性。财产中隐含着主体的自由、意志。可以说没有财产自由就没有参与家庭生活的自由，则仍然依靠身份和依附才能完成养老，就更遑论这种人的独立性问题了。学者风笑天指出我们在不断地宣传教育下一代要"尊老"、"敬老"、"爱老"的同时，"也在不知不觉中、在潜移默化中，反复地、持续地强化着老年人对子女的某种依赖性，强化着老年人对获得子女照顾和赡养的某种期盼性。这种宣传和教育也在无形之中促使许多老年人放弃了、至少是冲淡了他们'自我养老'的观念"①。当今个人选择的空间很大，家庭对每一个人而言不应再是束缚，子代与亲代的空间分离应让家庭成员都锤炼自己的独立性，褪去历史家族因素对个人发展的影响。它不否定家庭养老，家庭作为目前养老主要场所的现实，以及传统观念的惯性，仍然使得家庭养老成为重要且必不可少的养老方式，但这种养老方式本身也必须发生变革。

6.5 农地流转要求的农业商品化、市场化与养老供给的市场作用

经济领域的新自由主义与凯恩斯主义是当代西方经济理论中的两大基本思潮，也是当代经济自由和国家干预之争的两个主要阵营。然而新自由主义并不反对政府承担必要的福利供给，只是同时更加强调市场机制的作用，认为政府在承担福利责任时限于提供最基本的福利，促进市场福利和服务供给的竞争性，保证正当合理的竞争秩序。因其反对国家过度干预的思想有向古典自由主义经济学复归的倾向，故被称为"新自由主义"。市场制度极大地促进了人类的幸福，

---

① 风笑天. 从"依赖养老"到"独立养老"——独生子女家庭养老观念的重要转变 [J]. 河北学刊，2006：85.

使得有着不一致目标和利益的个体相互交易以共同获利。正是市场制度使互斥性的竞争产生互利性的合作，进而要求平等性的竞争。

农地流转是要让农民手中主要的生产要素自由流动起来，以实现财产流动所带来的收益，和财产权物尽其用的效果、资源优化配置的财产利用的目标相符。但实际上，农地流转不仅需要有土地要素运转自由的规范前提，还需要有一系列制度支撑，更重要的是能够调动农民在农地流转中的积极性。现时期的农地流转都是以非正式的委托代耕或低收益的代耕合同来实现的，农地流转的现实收益很小，归根结底是因为农业本身的商品化和市场化的有限性阻碍了农地本身资本价值在市场作用下的发挥。以农地流转为契机，如何构建市场对于农民养老的主体作用则成为当前农民养老多元主体的一个重要考量。

从新中国建立后的历史中我们或许可以得出一些启示。当时国家在农业经济占国民经济大比重的情况下，为了实现工业化战略，快速集聚国家工业资本，制定了一系列从农村调用大量资源的国家政策。[①] 通过价格剪刀差，在降低工业投入的同时，农产品价格大幅下调。此外，国家对农产品进行计划征收，进行严格的统购统销。1953 年起对粮、棉、油实行计划收购和征购，在完成国家征购任务后可以进行农产品的自由交换，实际上可供农民进行交换的农产品数目寥寥。所以在新中国成立后的相当长一段时期里，中国并不存在农产品的自由市场。[②] 1955 年的"三定"（定产、定购、定销）政策连最小限度的农村自由市场也取消了。

但无论如何，农村集镇的自由市场在 1955 年至 1956 年社会主义改造基本完成后仍被保留下来了。到 1958 年 12 月，国家发布了《关于人民公社若干问题的决议》，其中提到："人民公社的生产、交换、消费和积累，都必须有计划。人民公社的计划应当纳入国家的计划，服从国家的管理。"农业生产资料的私人占有制随着自留地、饲养的牲畜归集体所有以后彻底消灭了。人民公社内的自给生

---

① Wei Li & Dennis Tao Yang. The Great Leap Forward: Anatomy of a Central Planning Disaster [J]. *Journal of Political Economic*, 2005, 113 (4).

② Walker, Kenneth R. *Food, Grain Procurement and Consumption in China* [M]. New York: Cambridge University Press, 1984.

产和消费让社会商品生产和流通的范围都大大缩小了,自此以后,有很多人认为人民公社已经没有商品生产存在的必要了。即使有商品生产与交换,但源于农村市场的商品存有量和交易量都大大降低,广大农村在人民公社体制内普遍出现了自产自用、不需要市场交换的情形,农村市场的集散作用也随之减低。来自当年报纸的一份调查显示,某县在人民公社建立前后小件农具的平均月销售量下降56.56%,生猪采购量下降53.8%。① 后来自留地经过了几收几放,最终还是留给了农民,小型的农贸市场也随着经济的管制放松而开放。因此通过发展副业提高生活水平的做法率先从农业开始。人们发现,在公社完成了国家规定的生产定额任务后,农民在自己的小块自留地里有可观的产量。有趣的是,自留地通常不是最好的土地,农民在集体出工前后有热情在自留地里干活。将猪肉和自种的蔬菜拿到自由市场上去出售,结果农民在自己所属的生产队的耕地上种植的作物,却不如自留地上种的作物收成好。这种带讽刺性的结果恰恰证实了土地的好坏与自由市场形成的绩效激励比较起来都没有那么重要了。

农产品的商品率、农村市场的自由流通体制被束缚后,整个农村经济就不会出现勃兴。因此当1978年农村率先进行经济体制改革,改变基本的农地产权关系,抛开过去统得过死的农地生产要素和产品流通市场的时候,整个农村经济就出现了蓬勃发展。在党的十二届三中全会上明确提出了社会主义经济是有计划的商品经济的理论。到党的十五大决定全面建设社会主义市场经济时,实际上农村市场经济的起步从某种程度上说还算早,但发展一直都比较迟缓,重要的原因就是农业商品率较低,农产品本身的价格受限。2001年初,浙江省在全国第一个实现粮食购销市场化改革,改变了沿袭千百年的农民"交皇粮"的传统。② 但农产品中用来自由交换以获取收益的部分并不多,即使存在交易,简单而初级的交换行为在没有

---

① 张珂. 论人民公社运动中的农村市场 [N]. 大公报, 1958-10-12. 载于经济系资料室编. 农村人民公社化后有关商品生产问题参考资料 [M]. 北京:中国人民大学出版社, 1959.114.

② 张守营. 从包产到户到土地流转:农业发展的否定之否定 [N]. 中国经济导报, 2008-03-04.

成熟、发达的市场体系培养起来的前提下，农民作为生产者的权利意识也自然会因为土地产出的商品率低下、交易行为的稀少而变得稀薄。① 所以提升农民权利意识，尤其是对土地财产的权利意识，与发展土地产出市场，尽力形成农产品的商品化是不无关联的。

通过自由市场的流转，农民获得的是土地财产权利的现实价值，人们应该通过不断发育成熟的市场追求财产的自由流动和合理价值实现，因为这就等同于追求通过市场而获得的丰裕生活一样，对农民来讲是有利益的。多年的市场化改革经验告诉我们，市场体系是经济增长和生活提高的驱动力。竞争的市场机制能够达到高效的资源配置，这是任何集权体制力所不及的。因为市场信息的变化不是被计划操控的，这种变动通过各种市场信号进行传递；同时，市场分配资源具有一定的激励性，可以作为理性人的动力支撑。

农民养老供给的市场作用如何实现，它与农地流转之间形成怎样的联系，这是下面我们着重阐述的问题。市场作为提供养老资源的主体，强调的更多是通过就业而提供的养老方式，企业或其他用人单位通过缴费为就业者提供养老金。市场机制已经成为经济发展的基本取向，效率观念被持续放大。作为公共物品的养老保障在许多国家或地区也开始引入市场机制，此外还可通过商业保险由大数法则形成的市场介入的风险分担。国家养老产品的给付则是通过举办养老保险、医疗保险、社会救助等方式完成的。但农民养老与市场的联系，除了通过劳动力外移实现城镇非农就业之外，还有更重要的内容就是土地。

表6-1展示了我国农村居民纯收入从1954年到2008年的组成变化。家庭经营纯收入在家庭经营承包制改革后增长迅猛，尽管工资性收入连年增长，但家庭经营收入至今仍是收入中的最重要比例。在表6-2中，我们发现经济发展的不平衡性，所形成的家庭经营纯收入变化与之相应。对于经济较落后的西部而言，家庭经营纯收入所占的比例都较之中部和东部更高，中部次之，东部最低。农业生产经营还是大部分农村现在最主要的收入来源，但收入水平偏低，源于土地产出效益受到影响。同时农民的财产性收入是收入结构中

---

① 徐勇. 论农产品的国家性建构及其成效——国家整合视角下的"统购统销"与"瞒产私分"［J］. 中共党史研究，2008（1）：52.

最低的部分，2008 年我国农村居民平均每人年财产性收入为 148.1 元，仅占总收入的 2%。而所谓财产性收入是指民众通过对其拥有的动产（如银行存款、有价证券等）、不动产（如房屋、车辆、土地、收藏品等）的占有、使用、收益和处分而获得的收入。它包括出让财产使用权所获得的利息、租金、专利收入等；财产营运所获得的红利收入、财产增值收益等。① 财产交易形成所有权或他物权的流动是财产性收入的主要途径。土地作为农民重要的财产，其所享有的承包经营权具备物权属性，通过该权利的流动转让所形成的收入是一种典型的财产性收入。2008 年中央一号文件提出"创造条件让更多农民获得财产性收入"，对于缓解城乡收入差距具有重大的意义。由此，我们提出，通过市场流转土地，实现农地财产的财产价值和财产收益；将市场作为土地财产权与农民养老权联通的重要环节，以更好地发挥市场为农民养老供给的作用。

表 6-1　农村居民纯收入

平均每人全年收入　　　　　　　　　　　　　　　　（单位：元/人）

年份	工资性收入	家庭经营纯收入	财产性纯收入	转移性纯收入	纯收入合计	工资性收入占纯收入（%）
1954	2.4	56.4		5.3	64.1	3.7
1965	63.2	33.3		10.7	107.2	59.0
1978	88.3	35.8		9.5	133.6	66.1
1985	72.2	296.0		29.5	397.7	18.2
1994	263.0	881.9	28.6	47.6	1 221.1	21.5
2000	702.3	1 427.3	45.0	78.8	2 253.4	31.2
2008	1 853.7	2 435.6	148.1	323.2	4 760.6	38.9

注：1994 年以前的转移性收入包括财产性收入 。

资料来源：根据中国农村全面建设小康监测报告——2009② 整理。

① 周林彬，于凤瑞. 财产性收入与我国《物权法》的完善——一种法律经济分析的思路 [J]. 北方法学，2009（1）：30.

② 国家统计局农村社会经济调查司. 中国农村全面建设小康监测报告——2009 [M]. 北京：中国统计出版社，2010.30.

表6－2　东、中、西部地区农民收入构成

（单位:%）

年份	工资性收入	家庭经营性收入
东部地区		
2000	40.0	53.9
2002	43.5	49.6
2004	43.4	49.3
2006	46.5	45.1
2007	46.3	44.8
2008	46.8	43.2
中部地区		
2000	26.7	69.3
2002	29.2	66.6
2004	29	66.1
2006	33.5	60.2
2007	34.1	58.6
2008	34.2	57.1
西部地区		
2000	24.4	69.9
2002	26.7	66.9
2004	27.4	66.1
2006	31.8	60
2007	32.3	59
2008	32.6	56.5

资料来源：根据中国农村全面建设小康监测报告——2009① 整理。

　　从长久来看，必须认识到，一方面，自给自足的农业经济让农

① 国家统计局农村社会经济调查司. 中国农村全面建设小康监测报告——2009 [M]. 北京：中国统计出版社，2010.30.

民过着"万事不求人"的简单生活，但极低的消费水平又反过来影响生产水平，形成恶性循环；另一方面，非商品化的农业生产也不能满足非农人口对农产品无论是数量还是质量的需求，面对农产品的国际市场，农业发展必须寻求解决的出路。小农经济的保守性与农村商品生产的开放性相斥，因此要打破小生产的自我封闭状态，在生产单位之间、地域之间建立更多的经济沟通和联系，使农业经济在活跃的商品经济和频繁的商品生产、交换中兴旺起来，农民也才能真正受益富裕起来。在计划经济时代行之有效的行政性质的管理手段和社会治理模式已经不再奏效。政府应该反思以往通过严格强化行政管理却欲治反乱的教训，转换思路，通过培养、发展完善的市场体系，将农民作为利益诉求的主体，而非管理的客体，更好地发挥市场的作用，让农产品、土地财产的商品化运作形成农民真正的财产利益，进而更好地支撑农民养老。提高农地流转的财产性收入是实现财产权与养老权的关键。

7 结语：农地制度与财产权养老权、福利主体多元

本研究对农地流转制度下农民养老保障的实现问题进行了权利视角的探讨，并以土地财产权与农民养老权的关系为线索，试图在新的土地产权变革下构建农民养老的新路径，以实现新的土地制度和社会环境、经济环境下的土地、家庭、市场、国家等多元养老主体对农民养老的支持，并得出如下结论：

7.1 财产权与养老权为农地流转实现农民养老提供权利基础

财产权的权利属性体现在它本身就是一项自由权，强调主体平等地行使。财产权的权利归属使得其他人的干预与限制同自我的保障与不受侵犯有了明晰的边界。财产权的利用是以实现财产价值为要义的。人类宪政史还表明，财产权既是公民基本权利的重要组成部分，又是实现公民其他基本权利的基础。农民土地经营权流转实现财产主体对财产的自由支配，并具体化与落实财产权的移转性进而实现财产的市场价值，这是土地经营权作为农民财产权的应有之义。

养老权是指公民在年老时有从国家和社会获得基本生活条件，维持基本生活水平的能力保障和社会人格权利。从权利性质上看，养老权首先是一项人权，与生存权密切相关。养老权是公民在年老时的一项生命权体现。养老权是一种普遍权利，同时也是一项要求人人平等享有的权利。普遍性原则符合社会公正的共同追求，也表明养老权主体的广泛性，只要是社会的一个成员，就享有这一权利。农民作为国家公民当然应该平等地享有养老权。权利的应然状态和实然现实的距离使得农民一方面有权利要求国家通过积极行为实现

自身的养老权，另一方面可借助产权制度安排助力养老权的自我实现。

　　财产权与养老权虽然一个是自由权，一个是社会权，但二者之间并不对立。财产权的确立和保护是人格独立的体现和养老权实现的前提。财产权的保护是人们愿意在相互平等的主体承认的基础上而形成的一种人与人之间的关系。在某种意义上财产权与养老权同样是自然权利，因为养老权从生命权出发，体现对生命周期的最后阶段的人性关怀，是一种生命权的体现。从平等权出发，通过对老年人的特殊照顾，实现弱势人群的基本保障，是平等权的落实。从人的禀赋的有差等的现实出发，从竞争追求自由的无限制后果的弥补角度，实质性的公平和基本保障对弱势老年人的生存权要着重考量。这种权利之间的联系还与其背后体现的价值相呼应。以自由主义为价值支撑的财产权，与以平等价值为诉求的养老权之间并不矛盾和对立，因为自由主义本身要求平等，平等是自由主义的内生价值。而森的权利贫困理论要求公民获得应有的权利以实现发展，进一步印证了财产权与养老权的统一。财产权与养老权关系的历史梳理清晰地再现了从自由拥有财产、支配财产，到对富人财产的剥夺实现穷人的基本利益，再到让穷人都有能力靠自己累积财富实现基本权利的演进逻辑。然而，权利的确定是重要的，但权利的落实更重要，在农地流转制度下我们找到了实现农民养老权的财产权支持路径。

7.2　养老权的实现从未割舍其与财产权的关联

　　在对半个多世纪的土地制度改革的考察中，我们认识到，农民土地权能分分合合的非单向性运动，一直在朝着土地财产权能的明晰化方向进化。在农业合作化开始之初，农民的土地所有权被弱化、被模糊化，人民公社时期土地所有权与经营权的同归一体却并没有让土地财产权能充分地发挥出来，土地财产价值没有在土地财产权能的自主使用中发挥价值；只有到了家庭联产承包责任制以后，明确集体所有制不变的前提下，将土地承包经营权交还给农民，析分出来的土地承包经营权有了可以灵活使用的主体，并被激励发挥其充分的土地财产价值。但当家庭承包经营制释放了它的制度优势之后，伴随着农业经营规模的细碎，联产承包制的生产激励只能引导农业经营朝着更细碎的方向发展的时候，新的问题产生了。它进一步要求土地财产价值通过自由流动而实现，此时，承包经营权再进一步析分成承包权与经营权，经营权流转成为很多承包农户的需求。通过土地制度改革的历史考察，我们认为，土地财产权益所体现的复杂社会关系中我们必须重视农民本身的利益维护。因此，我们要让农民成为真正的土地财产权能主体，构建清晰的土地财产权利归属关系；同时，让土地财产价值充分发挥，让土地财产权能通过细化实现流转，通过土地流转市场制度的建立实现土地资本化和确立土地财产产权保护的核心。

"任何一种土地制度的实行，都离不开切实保障农民权利。"①必须以保障农民权利为出发点和宗旨，这种土地制度变革才有可能是成功的。在财产权制度符合农民财产利益，方便实现财产价值的情况下，农民养老权得到较好的关照，土地制度的几次变革验证了这样一个道理。

历史证明符合农民需求，提高土地财产价值，尊重农民土地权益的土地制度或土地变革是能够推进生产、发展农业的。我们坚信没有切实的财产权就无法保障养老权的实现。农民养老权的落空是因为农民财产权利的缺失。集体化时期，"一大二公"集体确立了农村五保制度和农村合作医疗。但市场化改革以后，集体宣布退场，农民家庭养老复归。当新时期出现劳动力流动和城镇化发展在家庭养老松懈、社会养老的缺失、社会养老城乡二元体制、自我养老需求不能满足的情况下如何发挥财产权的补足作用实现农民的养老权，则是新时代的课题。

土地产出的商品价值没办法通过完全的市场行为实现市场价值进行累积，而这部分商品也没办法不通过市场，储存到农民年老时享用，农民就必须活到老干到老，这对于农民养老权而言是不公平的。市场经济在城镇的顺利发展让工业品随市场出现符合价值规律的波动的同时，农副产品却未实现同步联动，那么农民即使拥有

---

① 刘守英. 土地制度与农民权利 [J]. 中国土地科学, 2000 (3): 1.

"自主"的农业生产经营权，也不能享受到其真正的利益。所以，有必要开发一种有储存价值、具备升值潜力也能通过市场交易实现价值的产品来保障农民获得养老支持，从而人道地实现养老权。这种商品就是农地的经营权。

7.3 农地流转制度下积极福利国家的农民养老供给

新自由主义的产生是在资本主义经济出现滞胀、福利国家出现危机时萌生的，并历史性地担当了对凯恩斯主义和福利国家批判的重任，认为福利体制在难以堪负重任的情势下必须引入市场机制，重倡自由市场，在极端倚重国家"从摇篮到坟墓"的福利提供的背景下推进市场化进程，积极促进广泛的社会参与、拓展经费来源、促进社会效率。但批判的结果是多年来的反对"政府干预"、批驳"政府失灵"后却形成了市场主宰一切进而导致更大规模、更为严重的"市场失灵"。寻求倚重内在平衡的可行的解决路径是基于权利理论而形成的权利参与和权利保护。

财产权与养老权并不矛盾，都是公民应当追求的自由甚至是天赋权利。但一个是要奉行"市场自由"的自由流转、自由交换的消极自由权，另一个则是奉行"政府干预"、"限制自由"的基于成员资格而平等享有的积极自由权。一方面我们要把公民当作"市场人"鼓励其自主参与市场运行以提高资源配置效率，另一方面我们又要考虑将其作为"社会人"。有一些问题不是个人问题，而是社会问题，当然有一些困难也不应该完全由个人负担解决，而应该作为国家义务、社会责任来担当。两者之间看似矛盾，但不可否定的是今天的国家观念和市场观念在融合中形成了二者发展中的共谋与共识。如市场资源的自由配置离不开政府的干预和引导，政府的管制也不再是事必躬亲、包办一切的"划桨人"，转而形成组织、协调、积极推进的"掌舵者"。因此最好的路径选择即为市场与政府干预的各司其职、平衡推进。当然如何各司其职、平衡推进，这有赖于公民权利的保护，具体到本书的论题，我们则要求市场的推进让农民的财产权得到贯彻，提倡作为市场主体的农民具有独立性、平等性，财产权的流动性和收益性得到落实，但要以不损害农民的养老权为界限；同理，政府干预的积极作为让农民的养老权得到有保障的实现，农民实现养老权的能力得到增加，但对农民的增权赋能不能以损害财产权的充分享有为代价，相反是以财产权的保障来促进养老权的实现。这种实现方式与直接提供福利产品不同，它是通过提供实现养老权的财产权来间接地帮助农民以完成养老诉求的实现的。政府对公民的增权赋能就要求将用来实现基本老年生存自由的财产权进行最高保护，这是第一性的。这是一种道德选择，来自道德的价值判断也是如此。权利观念所倡扬的个人诉求一方面成为市场竞争机制中的必备要素，另一方面也成为政府供给公共产品的职责对应。

7.4 农地流转让财产权与养老权实现互济，福利主体多元互动

从福利提供的多元主体的角度看，养老权又可析分为享受家庭、市场、国家提供养老保障的权利。家庭养老要求有赡养义务的家庭成员提供基本的养老内容。市场作为提供主体强调更多的是通过就业而提供的养老方式。但市场对效率价值的无限放大，会对公平价值进行损耗。市场如何实现农民养老权的保障成为一个棘手的问题。土地具有一定的养老保障功能，但是土地养老要求农民作为重体力劳动者耕种作业，以土地产出供给养老需求，或者是靠代际转移由子女通过土地实现家庭供养的方式都会出现一些农民养老权实现的障碍。随着打工经济，以及新的家庭结构与家庭规模的出现，农村代与代之间的家庭养老也面临着子代养老能力、养老意愿、孝道文化和家庭关系的挑战。面对乡村生活出现的流动性、异质性和市场导向的价值观念的冲击，新时代农民养老权的实现必须因应如上的社会环境和制度环境。

农地流转实现的土地财产利益是土地财产权与农民养老权联通的重要环节。农地流转恰恰是将这种国家赋予农民的保障资源通过市场的方式转换为养老资源，体现农民自我养老的独立性和国家、市场主体的联通性。土地财产权的权利属性偏向于主体平等性、可转移性和独立性，体现了文明发展历程中"从身份到契约"的转变。

而养老权的权利属性可以从其权利谱系中的具体定位得出其作为基本人权的不可剥夺、不可转让性，以及物质前提性。因此，如何弥补市场作为主体提供养老产品的不足，让土地财产发挥其最大的价值，供给养老保障需求是农民养老权完善的一个重要方面。农民在土地财产权利实现的过程中不能抛弃土地的福利理念，而必须在有限制的市场格局中体现实质平等，进而为农民养老权的实现奠定价值基础。在农民自组织的构建中应对市场带来的对公平的冲击，让土地财产权能够顺利地与养老权实现联通。市场体系的逐步完善，让农民养老有了更多的财产性支撑，从而为农民家庭养老遇到的新问题提供新时代的财产性收益保障自力养老的解答。针对土地流出者，农地流转可以增加其财产性收入，补足养老资源，实现公平；针对土地流入者，土地流转可以扩大其土地经营的规模，实现效率。农地流转制度可以通过市场、农民组织、家庭与国家多主体之间的良性互动，更好地寻求生产的效率与分配的公平之间的平衡。

在本研究进行的过程中，笔者意图通过对现实中存在的农民养老的问题进行了解，探究其制度成因，并在此基础上努力寻求解决之道的基本思路展开调研。在调研中通过深度访谈，再辅之以亲身观察的确能够发现比笔者所想象的更为复杂和真实的社会现状。如巴比提到的个案研究将研究关注在一个或几个案例上，它比较适合进行描述性的研究，呈现社会关系或社会现象的复杂性，提供解释性的深刻洞见。[①] 但从政策分析和制度成因研究的角度探讨个案问题，寻求的更多的是对个案的独特理解，对一般的可以反复适用的理论和制度就要考虑其普遍性了。同时，个案研究一般要求不带预设地进入研究场景，同时也有要求"尽可能地列出想要观察的想象"的进场前要求[②]，在观察、访谈和研究中形成的观点就有了是自己建构的还是现实中就存在的迷惑。

本书也试图运用法社会学的方法。但拉伦茨认为，因为法规范本身是一种极端复杂的社会现象，会在不同的实存层面以不同的脉

---

① ［美］艾尔·巴比. 社会研究方法（第11版）［M］. 邱泽奇译. 北京：华夏出版社，2009.297.

② ［美］艾尔·巴比. 社会研究方法（第11版）［M］. 邱泽奇译. 北京：华夏出版社，2009.298.

络关系显现出来。"法社会学方法是将法和法律作为一种社会现象来看待，主要研究法在社会演进过程中的角色、法的贯彻及其时效性的条件"，以及法的效力等问题①。本书将财产权与养老权作为一种社会现象来考察，在调研中了解到其对农民的约束、影响作用和市场经济条件下人们吁求的一种法律秩序的建构会出现差异较大的现象。因此，笔者认为历史制度对今天的法律问题总是有着持续的影响力的，所以从历史梳理中试图找寻研究议题的启示，但研究资料的有限性和笔者查阅资料文献的能力都显然影响了该研究深入、系统地进行。

---

① ［德］拉伦茨. 法学方法论［M］. 陈爱娥译. 北京：商务印书馆，2003.72.

附 录 实地调研访谈农民简况汇总

访谈农民信息列表

姓 名	性 别	年 龄	所在村组
向某某	女	56	川北旺苍县黄村
毛某某	男	55	江县文镇花堆村
向某某	男	50	文镇花堆村
毛 某	男	65	文镇花堆村
任 某	女	55	文镇三星村
蒙 某	女	74	文镇西娅村
刘某某	女	72	文镇花龙村
周某某	女	59	文镇花堆村
陈 某	女	54	文镇花堆村
李 某	女	55	文镇花堆村
向 某	女	60	文镇百花村
陈某某	女	62	文镇幸福湾敬老院
刘 某	女	55	文镇百花村
董某某	男	79	文镇幸福湾敬老院
李 某	女	58	文镇花安村
柳某某	女	52	县人大代表
黄 某	女	82	文镇花龙村

参考文献

中文类：

［1］［印度］阿马蒂亚·森. 贫困与饥荒［M］. 王宇，王文玉译. 北京：商务印书馆，2001.

［2］［印度］阿马蒂亚·森，让·德雷兹. 饥饿与公共行为［M］. 苏雷译. 北京：社会科学文献出版社，2006.

［3］［印度］阿马蒂亚·森. 以自由看待发展［M］. 任颐，于真译. 北京：中国人民大学出版社，2002.

［4］［丹麦］考斯塔·艾斯平－安德森. 福利资本主义的三个世界［M］. 郑秉文译. 北京：法律出版社，2003.

［5］［丹麦］考斯塔·艾斯平－安德森. 转变中的福利国家［M］. 周晓亮译. 重庆：重庆出版社，2003.

［6］［英］安东尼·吉登斯. 第三条道路：社会民主主义的复兴［M］. 郑戈译. 北京：北京大学出版社，2000.

［7］［美］艾尔·巴比. 社会研究方法（第11版）［M］. 邱泽奇译. 北京：华夏出版社，2009.

［8］［美］加里·斯坦利·贝克尔. 家庭论［M］. 王献生，王宇译. 北京：商务印书馆，2005.

［9］［美］波斯纳. 法律的经济分析［M］. 蒋兆康译. 北京：中国大百科全书出版社，1997.

［10］［英］布莱恩·巴里. 自由主义正义诸理论［M］. 孙晓春，曹海军译. 长春：吉林人民出版社，2004.

［11］陈新民. 德国公法学基础理论［M］. 济南：山东人民出版社，2001.

［12］崔乃夫. 当代中国的民政（下）［M］. 北京：当代中国出版社，1994.

［13］崔卓兰. 我国农村社会保障法律问题研究［M］. 北京：

中国法制出版社，2010.

［14］邓正来. 国家与社会：中国市民社会研究［M］. 北京：北京大学出版社，2008.

［15］丁建定. 社会福利思想（第2版）［M］. 武汉：华中科技大学出版社，2009.

［16］董和平，韩大元，李树忠. 宪法学［M］. 北京：法律出版社，2000.

［17］杜润生. 杜润生自述：中国农村体制变革重大决策记［M］. 北京：人民出版社，2005.

［18］［美］富勒. 法律的道德性［M］. 郑戈译. 北京：商务印书馆，2005.

［19］龚向和. 作为人权的社会权［M］. 北京：人民出版社，2007.

［20］龚祥瑞. 比较宪法与行政法［M］. 北京：法律出版社，2003 .

［21］关今华. 人权保障法学研究［M］. 北京：人民法院出版社，2006.

［22］郭士征. 社会保障——基本理论与国际比较［M］. 上海：上海财经大学出版社，1996.

［23］国家统计局农村社会经济调查司. 中国农村全面建设小康监测报告——2009［M］. 北京：中国统计出版社，2010.

［24］国务院农村发展研究中心联络室. 土地规模经营论［M］. 北京：农业出版社，1990.

［25］［英］哈耶克. 邓正来选译哈耶克论文集［M］. 邓正来译. 北京：首都经济贸易大学出版社，2001.

［26］［英］赫伯特·斯宾塞. 社会静力学［M］. 张雄武译. 北京：商务印书馆，1996.

［27］［比］亨利·皮朗. 中世纪欧洲经济社会史［M］. 乐文译. 上海：上海人民出版社，2001.

［28］胡锦光. 宪法学原理与案例教程［M］. 北京：中国人民大学出版社，2006.

［29］［英］霍布斯. 论公民［M］. 应星等译. 贵州：贵州人

民出版社，2003.

　　［30］［英］霍布斯. 利维坦［M］. 黎思复，黎廷弼译. 北京：商务印书馆，1985.

　　［31］［英］安东尼·吉登斯. 超越左与右：激进政治的未来［M］. 李惠斌，杨雪冬译. 北京：社会科学文献出版社，2003.

　　［32］［爱尔兰］J.M. 凯利. 西方法律思想简史［M］. 王笑红译. 北京：法律出版社，2003.

　　［33］［法］基佐. 欧洲文明史［M］. 程洪奎等译. 北京：商务印书馆，1998.

　　［34］中共中央文献研究室编. 建国以来毛泽东文稿（第一册）［M］. 北京：中央文献出版社，1987.

　　［35］中共中央文献研究室编. 建国以来毛泽东文稿（第三册）［M］. 北京：中央文献出版社，1989.

　　［36］江平. 现代实用民法词典［M］. 北京：北京出版社，1988.

　　［37］蒋永甫. 西方宪政视野中的财产权研究［M］. 北京：中国社会科学出版社，2008.

　　［38］［德］弗兰茨—克萨韦尔·考夫曼. 福利国家面临的挑战［M］. 王学东译. 北京：商务印书馆，2004.

　　［39］［美］科斯等. 财产权利与制度变迁［M］. 胡庄军等译. 上海：上海人民出版社，1994.

　　［40］［美］科斯塔斯·杜兹纳. 人权的终结［M］. 郭春发译. 南京：江苏人民出版社，2002.

　　［41］［美］肯尼斯·米诺格. 当代学术入门：政治学［M］. 龚人译. 沈阳：辽宁教育出版社，1998.

　　［42］［德］拉伦茨. 法学方法论［M］. 陈爱娥译. 北京：商务印书馆，2003.

　　［43］［美］赖克. 国家的作用［M］. 东方编译所编译. 上海：上海译文出版社，1994.

　　［44］［美］理查德·派普斯. 财产论［M］. 蒋琳琦译. 北京：经济科学出版社，2003.

　　［45］李德彬等. 新中国农村经济纪事（1949.10—1984.9）

［M］．北京：北京大学出版社，1989.

　　［46］李显冬．中国物权法要义与案例释解［M］．北京：法律出版社，2007.

　　［47］梁慧星，陈华彬．物权法［M］．北京：法律出版社，2003.

　　［48］林来梵．从宪法规范到规范宪法：规范宪法学的一种前言［M］．北京：法律出版社，2001.

　　［49］林义．农村社会保障的国际比较及启示研究［M］．北京：中国劳动保障出版社，2006.

　　［50］林蕴晖，顾训中．人民公社狂想曲［M］．郑州：河南人民出版社，1995.

　　［51］刘敬鲁．经济哲学导论［M］．北京：中国人民大学出版社，2003.

　　［52］［法］卢梭．社会契约论［M］．何兆武译．北京：商务印书馆，1980.

　　［53］［法］卢梭．论人类不平等的起源和基础［M］．李常山译．北京：商务印书馆，1962.

　　［54］［美］路易斯·亨金等编．宪政与权利［M］．郑戈等译．北京：生活·读书·新知三联书店，1996.

　　［55］陆学艺．当代中国与当代中国农民［M］．北京：知识出版社，1991.

　　［56］［美］罗伯特·诺齐克．无政府、国家与乌托邦［M］．何怀宏译．北京：中国社会科学出版社，1991.

　　［57］［美］罗尔斯．正义论［M］．何怀宏等译．北京：中国社会科学出版社，2006.

　　［58］罗平汉．农村人民公社［M］．福州：福建人民出版社，2002.

　　［59］［英］洛克．政府论（下）［M］．叶启芳，瞿菊农译．北京：商务印书馆，1964.

　　［60］罗豪才，吴颉英．资本主义国家的宪法和政治制度［M］．北京：北京大学出版社，1983.

　　［61］［英］T. H. 马歇尔等．公民身份与社会阶级［M］．郭忠

华等编. 南京：江苏人民出版社，2007.

［62］［美］迈克尔·谢诺登. 穷人与资产：一项新的美国福利政策［M］. 高鉴国，展敏译. 北京：商务印书馆，2007.

［63］［英］A. J. M. 米尔恩. 人的权利与人的多样性——人权哲学［M］. 夏勇等译. 北京：中国大百科全书出版社，1995.

［64］［美］米尔顿·弗里德曼. 资本主义与自由［M］. 张瑞玉译. 北京：商务印书馆，2004.

［65］［加］R·米什拉. 资本主义社会的福利国家［M］. 郑秉文译. 北京：法律出版社，2003.

［66］［英］莫里斯·弗里德曼. 中国东南的宗族组织［M］. 刘晓春译. 上海：上海人民出版社，2000.

［67］农业集体化重要文件汇编（上）［M］. 北京：中央党校出版社，1957.

［68］农村人民公社化后有关商品生产问题参考资料［M］. 北京：中国人民大学出版社，1959.

［69］［美］诺斯. 经济史中的结构与变迁［M］. 陈郁，罗华平译. 上海：上海人民出版社，1994.

［70］［美］托马斯·潘恩. 潘恩选集［M］. 马清槐等译. 北京：商务印书馆，1981.

［71］彭诚信. 主体性与私权制度研究：以财产、契约的历史考察为基础［M］. 北京：中国人民大学出版社，2005.

［72］彭华民等. 西方社会福利理论前沿：论国家、社会、体制与政策［M］. 北京：中国社会出版社，2009.

［73］［美］乔·萨托利. 民主新论［M］. 冯克利，阎克文译. 北京：东方出版社，1998.

［74］乔东平，邹文开. 社会救助理论与实务［M］. 天津：天津大学出版社，2011.

［75］秦晖. 农民中国：历史反思与现实选择［M］. 郑州：河南人民出版社，2003.

［76］邱本. 自由竞争与秩序调控：经济法的基础建构与原理阐析［M］. 北京：中国政法大学出版社，2001.

［77］［日］石井紫郎. 财产与法——从中世纪到现代［A］. 基

本法学——财产［M］. 东京：岩波书店，1985.

［78］史尚宽. 物权法论［M］. 北京：中国政法大学出版社，2000.

［79］［美］斯蒂芬·L.埃尔金等编. 新宪政论［M］. 周叶谦译. 北京：生活·读书·新知三联书店，1997.

［80］苏力. 阅读秩序［M］. 济南：山东教育出版社，1999.

［81］孙立平. 博弈［M］. 北京：社会科学文献出版社，2006.

［82］宋健. 中国农村人口的收入与养老［M］. 北京：中国人民大学出版社，2006.

［83］宋晓梧. 中国社会保障体制改革与发展报告［M］. 北京：中国人民大学出版社，2001.

［84］［瑞士］托马斯·弗莱纳. 人权是什么？［M］. 谢鹏程译. 北京：中国社会科学出版社，2000.

［85］王卫国. 中国土地权利研究［M］. 北京：中国政法大学出版社，1997.

［86］王仰文. 私有财产权的行政法保护研究——以基本权力功能分析为视角［M］. 北京：人民出版社，2009.

［87］王泽鉴. 民法物权Ⅰ·通则·所有权［M］. 北京：中国政法大学出版社，2001.

［88］吴晓东. 中国农村养老的经济分析［M］. 重庆：西南财经大学出版社，2005.

［89］夏勇. 人权概念起源［M］. 北京：中国政法大学出版社，1991.

［90］夏勇. 中国民权哲学［M］. 北京：生活·读书·新知三联书店，2004.

［91］［英］休谟. 人性论（下）［M］. 关文运译. 北京：商务印书馆，1980.

［92］许崇德. 宪法［M］. 北京：中国人民大学出版社，1999.

［93］［英］亚当·斯密. 国民财富的性质和原因的研究［M］. 郭大力，王亚南译. 北京：商务印书馆，1972.

［94］［德］G·耶林内克. 主观的公权体系［M］. 曾韬，赵天书译. 北京：中国政法大学出版社，2012.

［95］阎云翔. 私人生活的变革：一个中国村庄里的爱情、家庭与亲密关系（1949—1999）［M］. 龚小夏译. 上海：上海书店出版社，2006.

［96］杨海坤. 宪法基本权利新论［M］. 北京：北京大学出版社，2004.

［97］杨燕绥，阎中兴等. 政府与社会保障：关于政府社会保障责任的思考［M］. 北京：中国劳动社会保障出版社，2007.

［98］杨海坤. 宪法基本权利新论［M］. 北京：北京大学出版社，2004.

［99］［英］约翰·格雷. 自由主义［M］. 曹海军，刘训练译. 长春：吉林人民出版社，2005.

［100］［英］约翰·格雷. 自由主义的两张面孔［M］. 顾爱彬，李瑞华译. 南京：江苏人民出版社，2002.

［101］［美］约翰·凯克斯. 反对自由主义［M］. 应奇译. 南京：江苏人民出版社，2005.

［102］［英］约翰·穆勒. 政治经济学原理：及其在社会哲学上的若干应用（上卷）［M］. 赵荣潜等译. 北京：商务印书馆，1991.

［103］曾福生. 农业适度规模经营与中国农业发展［M］. 长沙：湖南人民出版社，1996.

［104］张静. 基层政权：乡村制度诸问题［M］. 上海：上海人民出版社，2006.

［105］张静. 现代公共规则与乡村社会［M］. 上海：上海书店出版社，2006.

［106］张乐天. 告别理想：人民公社制度研究［M］. 上海：上海人民出版社，2005.

［107］张岩松. 发展与中国农村反贫困［M］. 北京：中国财政经济出版社，2004.

［108］赵阳. 共有与私用：中国农地产权制度的经济学分析［M］. 北京：生活·读书·新知三联书店，2007.

［109］郑伟. 全球化与第三条道路［M］. 长沙：湖南人民出版社，2003.

[110] 郑贤君. 基本权利研究［M］. 北京：中国民主法制出版社，2007.

[111] 中共中央文献研究室编. 建国以来重要文献选编（第十二册）［M］. 北京：中央文献出版社，1996.

[112] 中国老龄科学研究中心. 中国城乡老年人口状况一次性抽样调查数据分析［M］. 北京：中国标准出版社，2003.

[113] 周林彬. 物权法新论——一种法律经济分析的观点［M］. 北京：北京大学出版社，2002.

[114] 陈卫平，郭定文. 农户承包土地流转问题探讨［J］. 经济问题探索，2006（1）.

[115] 陈锡文. 关于我国农村的村民自治制度和土地制度的几个问题［J］. 经济社会体制比较，2001（5）.

[116] 陈晓华. 切实加强农村土地承包经营权流转管理和服务［J］. 农村经营管理，2009（1）.

[117] 陈颐. 论"以土地换保障"［J］. 学海，2000（3）.

[118] 程为敏. 农村经济体制改革中的社会保障体制的转换［J］. 北京大学学报（哲学社会科学版），1991（3）.

[119] 党国英. 当前中国农村土地制度改革的现状与问题［J］. 华中师范大学学报（人文社会科学版），2005（7）.

[120] 董小苹. 反哺的两难——独生子女赡养意识和赡养能力的分析［J］. 当代青年研究，1998（2）.

[121] 房绍坤，丁海湖，张洪伟. 用益物权三论［J］. 中国法学，1996（2）.

[122] 费孝通. 家庭结构变动中的老年赡养问题：再论中国家庭结构的变动［J］. 北京大学学报，1983（3）.

[123] 风笑天. 从"依赖养老"到"独立养老"——独生子女家庭养老观念的重要选择［J］. 河北学刊，2006（5）.

[124] 傅晨，刘梦琴. 广东农民专业合作经济组织发展的缘由、现状与政策建议——写在《中华人民共和国农民专业合作社法》实施之即［J］. 广东合作经济，2007（2）.

[125] 高华，张明泽. 刍议当前农村多子女家庭中的女儿养老现象［J］. 湖北社会科学，2012（3）.

［126］葛玲. 中国乡村的社会主义之路——20 世纪 50 年代的集体化进程研究述论［J］. 华中科技大学学报（社会科学版），2012（2）.

［127］郭于华. 代际关系中的公平逻辑及其变迁——对河北农村养老事件的分析［J］. 中国学术，2001.

［128］韩大元. 私有财产权入宪的宪法学思考［J］. 法学，2004（4）.

［129］韩松. 农地社保功能与农村社保制度的配套建设［J］. 法学，2010（6）.

［130］郝铁川. 权利实现的差序格局［J］. 中国社会科学，2005（2）.

［131］贺雪峰. 农村家庭代际关系的变动及其影响［J］. 江海学刊，2008（4）.

［132］黄宗智. 制度化了的"半工半耕"过密型农业（上）［J］. 读书，2006（2）.

［133］姜长云. 农村土地与农民的社会保障［J］. 经济社会体制比较，2002（1）.

［134］孔祥智. "长久不变"和土地流转［J］. 吉林大学社会科学学报，2010（1）.

［135］李德龙. 论老年人基本权利之宪法保障［J］. 南京工业大学学报（社会科学版），2006（1）.

［136］李飞龙. 1950—80 年代中国农村分家析户的历史考察［J］. 古今农业，2011（2）.

［137］李江涛，邝振权，何颂扬等. 农村养老新趋势：广州番禺县的调查［J］. 开放时代，1988（8）.

［138］李俊. 城镇化、老龄化背景下新型农村养老保险财务状况研究：2011 年—2050 年［J］. 保险研究，2012（5）.

［139］李迎生. 立足现实、面向未来：农村养老保障制度改革的"过渡模式"设计［J］. 毛泽东邓小平理论研究，2005（10）.

［140］梁鸿. 苏南农村家庭土地保障作用研究［J］. 土地中国人口科学，2000（5）.

［141］梁鸿. 土地保障：最后一道防线的虚化［J］. 发展研究，1999（6）.

[142] 刘俊. 土地承包经营权性质探讨 [J]. 现代法学, 2007 (2).

[143] 刘坤, 赵万一. 财产权制度的存在基础 [J]. 现代法学, 2004 (5).

[144] 刘灵芝. 论公民养老权的权利属性 [J]. 河北法学, 2008 (12).

[145] 刘灵芝. 论公民养老权的制度化 [J]. 行政与法, 2008 (11).

[146] 刘守英. 土地制度与农民权利 [J]. 中国土地科学, 2000 (3).

[147] 刘子兰. 中国农村养老保险制度反思与重构 [J]. 管理世界, 2003 (8).

[148] 龙方. 论农村家庭养老模式的完善 [J]. 农村经济, 2007 (5).

[149] 卢海元. 土地换保障: 妥善安置失地农民的基本设想 [J]. 中国农村观察, 2003 (6).

[150] 卢永生. 试述土地流转机制的完善与创新 [J]. 苏州农村通讯, 2001 (2).

[151] 马俊驹, 梅夏英. 财产权制度的历史评析和现实思考 [J]. 中国社会科学, 1999 (1).

[152] 马晓河, 崔红志. 建立土地流转制度, 促进区域农业生产规模化经营 [J]. 规模经济, 2002 (12).

[153] 马小勇, 薛新娅. 中国农村社会保障制度改革: 一种 "土地换保障" 的方案 [J]. 宁夏社会科学, 2004 (3).

[154] 马新福, 刘灵芝. 公民养老权涵义论析 [J]. 河北法学, 2007 (9).

[155] 马新文. 阿玛蒂亚·森的权利贫困理论与方法述评 [J]. 国外社会科学, 2008 (2).

[156] 穆光宗. 家庭养老面临的挑战以及社会对策问题 [J]. 中州学刊, 1999 (1).

[157] 穆光宗, 姚远. 探索中国特色的综合解决老龄问题的未来之路——"全国家庭养老与社会化养老服务研讨会" 纪要 [J].

人口与经济，1999（2）．

[158] 彭华民，黄叶青．福利多元主义：福利提供从国家到多元部门的转型［J］．南开学报（哲学社会科学版），2006（6）．

[159] 钱明星，李富成．公有制财产的物权法构造［J］．法商研究，2002（5）．

[160] 秦晖．中国农村土地制度与农民权利保障［J］．探索与争鸣，2002（7）．

[161] 邵彦敏．马克思土地产权理论的逻辑内涵及当代价值［J］．马克思主义与现实，2006（3）．

[162] 盛学军，刘广明．"新农保"个人缴费"捆绑制"的实践考察与理论研判［J］．河北法学，2012（3）．

[163] 施世骏．中国社会公民权的空间政治转型［EB/OL］．（2010 – 11 – 29）［2011 – 09 – 15］．http：//www.rmlt.com.cn/News/201011/201011291517014351_8.html.

[164] 宋明岷．失地农民"土地换保障"模式评析［J］．福建论坛（人文社会科学版），2007（7）．

[165] 王国军．浅析农村家庭保障、土地保障和社会保障的关系［J］．中州学刊，2004（1）．

[166] 王小龙，唐龙．家庭养老、老年贫困与农村社会养老保险的角色定位［J］．人文杂志，2012（2）．

[167] 王小章．公民权与公民社会之建构［J］．湖南师范大学社会科学学报，2010（5）．

[168] 王跃生．中国家庭代际关系的理论分析［J］．人口研究，2008（4）．

[169] 王跃生．中国家庭代际关系的维系、变动和趋向［J］．江淮论坛，2011（2）．

[170] ［日］小川竹一．中国集体土地所有权论［J］．比较法研究，2007（5）．

[171] 肖林生．农村五保供养制度变迁研究：制度嵌入性的视角［J］．东南学术，2009（3）．

[172] 肖轶，魏朝富等．重庆市两种典型农地流转模式比较分析［J］．中国农村观察，2009（3）．

［173］徐勇．论农产品的国家性建构及其成效——国家整合视角下的"统购统销"与"瞒产私分"［J］．中共党史研究，2008（1）.

［174］徐勇．农民改变中国：基层社会与创造性政治——对农民政治行为经典模式的超越［J］．学术月刊，2009（5）.

［175］薛小建．宪法中土地制度之比较研究［J］．法律适用，2007（12）.

［176］杨翠迎．中国农村养老保障何去何从？——对农村养老保障现状与问题的思考［J］．商业研究，2005（8）.

［177］杨德才．论我国农村土地流转模式及其选择［J］．当代经济研究，2005（12）.

［178］杨团，张时飞．当前中国农村五保供养制度的困境与出路［J］．江苏社会科学，2004（3）.

［179］杨学成，曾启．试论农村土地流转的市场化［J］．中国社会科学，1994（4）.

［180］姚洋．中国农地制度：一个分析框架［J］．中国社会科学，2000（2）.

［181］姚远．对中国家庭养老弱化的文化诠释［J］．人口研究，1998（9）.

［182］叶剑平，蒋妍，丰雷．中国农村土地流转市场的调查研究——基于2005年17省调查的分析和建议［J］．中国农村观察，2006（4）.

［183］易继明，李辉凤．财产权及其哲学基础［J］．政法论坛，2000（3）.

［184］袁春瑛，薛兴利，范毅．现阶段我国农村养老保障的理性选择——家庭养老、土地保障与社会养老相结合［J］．农业现代化研究，2002（6）.

［185］张红宇．中国农地调整与使用权流转几点评论［J］．管理世界，2002（5）.

［186］张静．村社土地的集体支配问题［J］．浙江学刊，2002（2）.

［187］张静．新中国成立初期乡村地权交易中的农户行为分析［J］．中国经济史研究，2012（2）.

[188] 张时飞，唐钧，占少华. 以土地换保障：解决失地农民问题的可行之策 [J]. 红旗文稿，2004（8）.

[189] 张晓山. 走中国特色农业现代化道路：关于农村土地资源利用的几个问题 [J]. 学术研究，2008（1）.

[190] 张云平，刘凯湘. 所有权的人性根据 [J]. 中外法学，1999（2）.

[191] 郑功成. 加入 WTO 与中国的社会保障改革 [J]. 管理世界，2002a（4）.

[192] 郑功成. 农民工的权益与社会保障 [J]. 中国党政干部论坛，2002b（8）.

[193] 郑贤君. 生命权的新概念 [J]. 首都师范大学学报（社会科学版），2006（5）.

[194] 郑贤君. 追求幸福生活：评五四宪法的基本权利条款 [J]. 新乡师范高等专科学校学报，2005（11）.

[195] 郑雄飞. 从他物权看"土地换保障"：一个法社会学的分析 [J]. 社会学研究，2009（3）.

[196] 郑雄飞. 破解"土地换保障"的困境——基于"资源"视角的社会伦理学分析 [J]. 社会学研究，2010（6）.

[197] 郑雄飞. 完善土地流转制度研究：国内"土地换保障"的研究述评 [J]. 中国土地科学，2010（2）.

[198] 钟涨宝. 农地流转过程中的农户行为分析 [J]. 中国农村观察，2003（6）.

[199] 钟涨宝，聂建亮. 论农地适度经营规模的实现 [J]. 农村经济，2010（5）.

[200] 周弘. 福利国家向何处去 [J]. 中国社会科学，2001（3）.

[201] 周林彬，于凤瑞. 财产性收入与我国《物权法》的完善——种法律经济分析的思路 [J]. 北方法学，2009（1）.

[202] 周其仁. 产权改革和新商业组织——中国和俄罗斯农业改革比较 [J]. 国际经济评论，1997.

[203] 周其仁. 中国农村改革：国家和所有权关系的变化（下）——一个经济制度变迁史的回顾 [J]. 管理世界，1995（4）.

[204] 周先智. 影响我国农村土地流转的成因探析 [J]. 理论

月刊，2000（8）.

［205］景天魁. 论底线公平［N］. 光明日报，2004 - 08 - 10.

［206］张义德. "包产到户"的波折：1980 年肥西县见闻
［N］. 北京日报，2008 - 06 - 16.

［207］秦晖. 土地与保障以及"土地换保障"［N］. 经济观察
报，2007 - 11 - 26.

［208］张守营. 从包产到户到土地流转：农业发展的否定之否
定［N］. 中国经济导报，2008 - 03 - 04.

［209］张红宇. 中国农村土地制度变迁的政治经济学分析
［D］. 西南大学博士学位论文，2001.

［210］宋士云. 新中国农村社会保障制度结构与变迁（1949—
2002）［D］. 中南财经政法大学博士学位论文，2005.

英文类：

［211］Andrew Dorward. Land Reform in Developing Countries：
Property Rights and Property Wrongs ［J］. *Journal of Agricultural Economics*，2012：63（2）.

［212］Carl Menger. *Principles of Economics* ［M］. Translation of
1871 edition by James Dingwall and Bert F. Hoselitz. New York：New
York University Press，1981.

［213］T. H. Marshall. *Citizenship and Social Class* ［M］. Cambridge：Cambridge University Press，1950.

［214］Keith Graham. Robert Nozick. *Property*，*Justice and the
Minimal State* ［J］. Philosophical Books，1993：34（1）.

［215］John Rawls. *A Theory of Justice* ［M］. Cambridge，Massachusetts：The Belknap Press of Harvard University Press，1999.

［216］Richard Schlatter. *Private Property*：*The History of an Idea*
［M］. London：George Allen & Unwin Ltd. ，1951.

［217］Titmuss R. *The Social Division of Welfare in Essays on the
Welfare State* ［M］. London：George Allen & Unwin Ltd. ，1958.

［218］Walker，Kenneth R. *Food*，*Grain Procurement and Consumption in China* ［M］. New York：Cambridge University Press，1984.

[219] William J. Goode. *World Revolution and Family Patterns* [M]. New York: Free Press, 1963.

[220] Wolfenden. *The Future of Voluntary Organization: Report of the Wolfenden Committee* [M]. London: Crom – Helm, 1978.

[221] Becker, G. S. Human Capital, Fertility, and Economic Growth [J]. *The Journal of Political Economy*, 1990: 98 (5).

[222] Gutmann A. Democracy and Democratic Education [J]. *Studies in Philosophy and Education*, 1993 (1).

[223] Jack Goody. Comparing Family Systems in Europe and Asia: Are There Different Sets of Rules? [J]. *Population and Development Review*, 1996: 22 (1).

[224] Liu, S. , Carter, M. R. & Yao, Y. Dimensions and Diversity of Property Rights in Rural China: Dilemmas on the Road to Further Reform [J]. *World Development*, 1998 (10).

[225] Wei Li & Dennis Tao Yang. The Great Leap Forward: Anatomy of a Central Planning Disaster [J]. *Journal of Political Economic*, 2005: 113 (4).

后　记

本书是在博士论文的基础上修改而成的，得到了教育部人文社会科学青年基金项目的支持。

五年前，怀着憧憬与忐忑，我进入华中科技大学社会学系攻读社会保障专业的博士学位。承蒙恩师不弃忝列门下，感激和庆幸自不待言。但专业的繁复让我感到忧愁与不自信。时光荏苒，在恩师与学友的帮助下，我顺利地完成了博士论文的写作。停笔卸下沉重的写作压力，回望一路走来的博士生活，我感慨万分。

吴中宇教授是我的授业恩师。老师治学严谨、视野开阔，为人豁达，待人谦和，使我耳濡目染，受益终生。从开始学习专业基础到论文选题、开题并最终完成论文初稿、定稿，都倾注了吴老师的帮助和关爱以及为此付出的心血。生活中吴老师也是我的楷模，她的大智慧、真性情，以及在我困惑与无助时给予我的支持与温暖时常让我感动并铭记在心。

除了吴老师，我还得到了社会保障专业多位老师的帮助，这也是让我感激不尽的，在此衷心感谢丁建定教授、石人炳教授、李华燊教授、吴毅教授、孙秋云教授和雷洪教授。尤其是丁老师的渊博知识、石老师的严谨治学与谦逊为人令我难以忘怀。

还要特别感谢我的同学王玲博士，我的第一次农村调研工作就是她陪伴在我身边。在调研中我们的选题虽然不同，但她时常给我启发。在农村生活她有很多经验，对我的关心时常让我感动，还有她家"开门见山"的老屋和家人热情的款待，真心怀念那段和她一起生活的日子。

此外，还要感谢家人对我的支持，尤其是先生王伟对我一如既往的鼓励和鼎力相助。亲人的期待和善待让我在前行的路上有了强大的支撑。没能让当时远在家乡的父母参加我的毕业典礼是我的遗憾，也谨以此书献给我深爱的父母！此书虽不是鸿篇巨制，但的确是我的一段成长经历，它能顺利出版是与所有关心我的人分不开的。

最后感谢暨南大学出版社以及为此书辛勤付出的编辑。

又逢春色盎然的时节，华科大校园里有恩师们亲手栽种的馥郁芬芳，有同窗好友信手采撷的宜人淡雅，有亲朋好友遥祝的丝丝甜香。是的，那是花香的感觉！手染沁人清香的我此刻只有感激！感恩生活！感谢你们！

谭 丽

2015 年 2 月